Rannveig Moroldsdotter
Kochen wie die Wikinger

7. Auflage 2023

Text: Rannveig Moroldsdotter
Lektorat: Stephan Naguschewski
Food-Styling: Tino Kalning
Fotos: Jens Christoph, Heike Philipp, Kerstin Hinze, Klaus Dursch (pixelio), Helga Schmadel (pixelio), Plougmann (iStockphoto), Marja Kettner, Pixel-pool-net, Marina Großmann (pixelio), Liam Quin (DeviantArt)
Art Direktion: Christian Schmal
Satz und Layout: Heike Philipp, Christian Schmal
Herstellung: Tara Tobias Moritzen
Druck und Bindung: UAB BALTO print, Vilnius

Bildnachweise
Jens Christoph, *Seiten 13, 15, 18, 23, 24, 29, 31, 34/35, 36, 37, 38, 42, 44, 46, 49, 51, 55, 60, 62, 70, 71, 73, 74, 78, 79, 82, 86, 93, 94, 99, 105, 111, 116, 117, 122/123, 125, 126, 128/129, 131, 133, 136/137, 146, 150, 157, 164, 166, 168/169, 174, 180, 185, 192, 193, 196, 201.* Heike Philipp, *Seiten 45, 97, 130, 148, 151, 163, 172/173, 176, 189, 198/199.* Kerstin Hinze, *Seiten 54, 57, 65, 68/69, 170, 186, 187, 190/191, 194* . Klaus Dursch (pixelio), *Seiten 58, 127.* Helga Schmadel (pixelio), *Seite 67.* Plougmann (iStockphoto), *Seite 85.* Marja Kettner, *Seite 100.* Pixel-pool-net, *Seite 103.* Marina Großmann (pixelio), *Seiten 175, 179.* Liam Quin (DeviantArt), *Seite 202.*

Printed in Lithuania
ISBN: 978-3-938922-31-6
www.zauberfeder.de

RANNVEIG MOROLDSDOTTER

KOCHEN WIE DIE WIKINGER

Zauberfeder

Inhaltsverzeichnis

Ich widme dieses Buch meiner Großmutter Ursula Vogel †
– mögen die Götter sie selig haben –
und
meiner Tochter Frekja, meinem kleinen, frechen Sonnenschein.

VORWORT

„Gibt es denn keine Alternative zum sonst üblichen Einheitsbrei? Was haben die Wikinger denn gegessen? Gab es das schon bei den Wikingern?“ – Diese Fragen und mehr bekommen mein Mann Eric, unser Freund Thorir und ich immer wieder von Besuchern und Marktleuten gestellt, wenn wir auf Mittelaltermärkten unterwegs sind.

Und so begab es sich, dass Thorir und ich 2006 zum Julfest luden. Nach einem fulminanten authentischen Mahl kamen unsere Gäste zu dem Schluss: „Rannveig, du solltest ein Kochbuch schreiben.“ Ich lachte, aber der Gedanke ließ mich nicht mehr los. Deshalb machte ich mich an die Arbeit und fing an zu suchen, zu lesen, auszuprobieren und zu schreiben.

Bei der Recherche zu meinem Buch stellte ich viele für mich erstaunliche Dinge fest, zum Beispiel, dass es bei den Wikingern keine Tomaten und Kartoffeln gab. Auch der Kürbis, welcher heutzutage eine Renaissance in der Küche erlebt, fehlte auf der Speisekarte, ebenso Zucchini, Artischocken, Auberginen, Paprika (inklusive Peperoni und Chili), Gurken und vieles mehr. Trotzdem überraschte mich die Vielfalt der Wikingerküche sehr, denn besonders zu Feierlichkeiten wurde groß aufgetischt mit Fleisch, Fisch, Gemüse und so fort. Und auch der tägliche Speiseplan umfasste mehr als nur fünf Breirezepte und drei Beilagen. Der Ausspruch „Die Not macht erfinderisch!“ trifft hier ganz besonders zu. Ich habe über viele Lebensmittel nachgeforscht und die Ergebnisse in Form einer Lebensmittelliste zusammengefasst, die sich im Anschluss an den Rezeptteil findet. Mit diesen und vielen weiteren Erkenntnissen nahm das Buch mehr und mehr Gestalt an, bis es schließlich druckreif war.

Doch das vorliegende Buch ist noch viel mehr als nur eine Rezeptsammlung: Es soll auch ermöglichen die Zeit der Wikinger wieder lebendig werden zu lassen und ein Stück dieser vergangenen Zeit mit *unseren eigenen Sinnen zu genießen und zu erleben. Einige authentische Rezepte wurden über die Jahrhunderte von Generation zu Generation überliefert oder gar von Schreibern fixiert und blieben auf diese Weise bis heute erhalten. Leider gingen im Laufe der Zeit aber auch sehr viele Rezepte verloren oder wurden weiterentwickelt und verändert. Hier müssen wir uns auf die Erkenntnisse der experimentellen Archäologie verlassen, einem Spezialgebiet der Archäologie. Dabei wird anhand von Fundstücken und Texten mit historisch adäquaten Werkzeugen, Hilfsmitteln und Materialien versucht, Arbeitstechniken und Lebensweisen der Vergangenheit zu erschließen und zu reproduzieren. Unter Berücksichtigung der von mir vermuteten Esskultur und der Lebensmittelliste, habe ich außerdem selbst Gerichte zusammengestellt, welche im damaligen Speiseplan der Wikinger einen Platz eingenommen haben könnten. So unterhielten die Wikinger viele und große Handelsrouten, unter anderem nach Byzanz und bis nach Asien, auf denen unter anderem mit Gewürzen gehandelt wurde. Einige der Gewürze, die durch eben diese Handelswege zu den Wikingern gelangt sein könnten, verwende ich in meinen Rezepten.*

Die authentischen Rezepte aber auch die modernen Varianten lassen uns eine faszinierende kulinarische Reise zu den Wikingern aus den Sagen und Geschichten unternehmen. Eine Reise, die uns bis in das Heute, unsere moderne Zeit führt, in welcher man sich gerne wieder alter Traditionen und Bräuche besinnt, die dann zu neuem Leben erweckt werden.

Schließlich ist es mit diesem Buch wie mit vielen anderen: Sie können nur entstehen, wenn Familie und Freunde viel Geduld, Verständnis und Interesse mitbringen und somit die Arbeit an einem Werk unterstützen. Auch ich hatte reichlich Unterstützung und möchte an dieser Stelle einigen Leute dafür herzlichst danken.

Zunächst meinem Ehemann, Eirikr Logabardhr Thorwaldsson (Eric). Er unterstützte und bestärkte mich, das Projekt „Kochen wie die Wikinger“ weiterzuführen, als ich es schon fast zu den Akten gelegt hatte. Er steht immer hinter mir, gibt mir Kraft und inspiriert mich, Neues auszuprobieren. Daraus wachsen inzwischen wieder viele neue Rezepte, Ideen und vielleicht ja auch Bücher. Vielen lieben Dank, mein Schatz!

Meinem Ex-Mann und besten Freund Thorir, welcher mich bei der Entstehung des Buchprojekts sehr unterstützt hat und mir auch heute noch gerne mit Rat und Tat zur Seite steht. Er brachte unendlich viel Geduld auf und entbehrte mich sehr oft, weil die Arbeit an dem Buch enorm viel Zeit verschlungen hat. Danke Thorir, besonders für Deine Freundschaft!

Außerdem möchte ich den vielen anderen Freunden danken, die mir geholfen haben, dieses Mammut-Projekt zu verwirklichen. Danke Leute! Ohne Euch gäbe es dieses Buch jetzt nicht: Haldor, Rhiannon, Nors Farandi, Disa, Holly, Asgrimm, Rannveig (Asgrimms Frau), Otti, Bärbel, meine Trauzeugin und beste Freundin Gabriele Bullok, Bine, Tom, Hekja und natürlich meine Götter. (Die Reihenfolge der Namen ist zufällig, sollte ich jemanden vergessen haben: Dir gilt der Dank mindestens ebenso.)

Ein großes Dankeschön geht auch an die ZDF/Arte-Redakteure Peter Allenbacher und Linde Dehner, welche es mir freundlicherweise genehmigten, einige authentische Rezepte aus der Fernsehreihe „Zu Tisch in…" für mein Kochbuch zu verwenden.

Und zu guter Letzt möchte ich den unzähligen Menschen danken, die über Jahrtausende hinweg immer wieder das Wissen über Flora und Fauna gesammelt und aufgeschrieben oder wissenschaftlich nachvollzogen haben. Auch sie haben die Entstehung dieses Buches überhaupt erst ermöglicht.

Ich wünsche Euch viel Spaß beim Nachkochen!

Eure Rannveig

Die Wikinger und ihre Esskultur

Die Nordgermanen des Frühmittelalters – auch Wikinger, Nordmänner, oder Waräger genannt – galten als Schrecken der Küsten und wurden schon in mittelalterlichen Chroniken als Barbaren, Massenmörder und Vergewaltiger verschrien. Ein Ruf, der sich noch in unserem heutigen Geschichtsbild widerspiegelt. Dabei brachten die Völker des Nord- und Ostseeraumes nicht nur gefürchtete Räuber hervor, sondern auch Fernhändler und wagemutige Entdecker, die in der Seefahrt enorme Leistungen aufboten. Von ihren kulturellen Errungenschaften legen darüber hinaus zahlreiche Runeninschriften und die bis heute überlieferten Sagas Zeugnis ab.

Wikinger waren also alles andere als kulturfremde Barbaren und primitive Schlagetots und – auch wenn uns die Hollywoodfilme der sechziger Jahre etwas anderes glauben machen wollen – sie trugen auch keine Hörner an den Helmen!

In kulinarischen Fragen trifft das Vorurteil vom „barbarischen Nordland" ebenfalls nicht zu. Allerdings waren es nicht die Männer, die an der Kochstelle die Heldentaten vollbrachten.

Das Kochfeuer war das Reich der Wikingerfrau. Sie kochte, braute Bier, stellte Wein her und hatte alles, was mit Essen und Trinken zu tun hatte unter ihrer Hand. Ja, mancher mag es nicht glauben, aber das Brauen von Bier war lange Zeit eine Frauendomäne.

Bildliche Schilderungen aus Sagatexten und archäologische Funde ausgegrabener Nahrungsreste lassen heute einen kleinen Einblick in die Ernährung der frühmittelalterlichen Gesellschaft Nordeuropas zu. Mus und Breie aus Getreide bildeten einen wesentlichen Bestandteil des Speisezettels der Nordleute, ebenso wie im übrigen Europa. Die Wikinger bauten vor allem Gerste, Roggen, Hafer und ein wenig Weizen an. Geschrotet und mit Salzwasser zu einem Brei verkocht, fanden sich diese Getreide – insbesondere Hafer – in den Essschalen der Wikinger wieder. Die berühmt-berüchtigte „Havregröt" war noch weit bis ins 20. Jahrhundert hinein das Volksnahrungsmittel.

Der „tägliche Brei" der Wikinger zeigte aber einen faszinierenden Abwechslungsreichtum. Aufgebessert mit Zutaten wie Honig, Wildfrüchten, Äpfeln, ausgelassenem Speck, Käse und mehr, bot er immer wieder Neues und Schmackhaftes.

Aus Gerste und Roggen buken die Wikinger Brot. Nur Jarls und Könige konnten sich Brot aus dem sehr teuren Weizen leisten. Aus dem Brotteig formte man flache Fladen, welche im Lehm- bzw. Steinbackofen oder in einer langstieligen Pfanne über dem Feuer gebacken wurden. Auch Brote aus Hefe und Sauerteig waren regional bekannt und beliebt.

Eine hochentwickelte Milchwirtschaft wird den Germanen schon vor den Wikingern durch römische Autoren wie Gaius Julius Cäsar und Tacitus bescheinigt. Kühe, Schafe und Ziegen wurden als Milch- und Fleischlieferanten gehalten und gezüchtet. Aus ihrer Milch stellten die Wikinger verschiedene Produkte her, welche auch heute noch üblich sind, wie z. B. Käse in verschiedenen Variationen, Butter, Buttermilch, Sahne, Sauermilch, Dickmilch, eine Art Joghurt, eine Art Quark und Skyr. Skyr ist eine lang haltbare Dickmilch, die mit Salz versetzt wurde. Wegen ihrer Haltbarkeit gehörte sie vermutlich mit zur Verpflegung auf den Schiffen.

Auch gab es in den Gärten der Wikinger eine überraschend große Vielfalt an Gemüse, Obst und Kräutern. Diese zählten zu den wichtigsten Grundnahrungsmitteln und standen somit täglich auf dem Speiseplan der Wikinger. Als Lieferanten für Vitamine sorgten sie nicht nur für Abwechslung, sondern auch für eine ausreichende Versorgung und Vorbeugung vor Krankheiten wie zum Beispiel Skorbut. Wildgemüse und Wildfrüchte, unter anderem Hagebutten oder Löwenzahn, ergänzten den heimischen Gemüsegarten der Wikinger.

Gewürze, wie beispielsweise Pfeffer, Sternanis und Zimt, aber auch Fadenkandis und kandierte Früchte, bezogen die Wikinger über ihre ausgedehnten Handelswege, die zu den Arabern nach Byzanz und sogar bis nach Asien reichten.

Fisch gehörte als wichtigster Eiweißlieferant ebenfalls zu den täglichen Grundnahrungsmitteln. Er war in Salz eingelegt (Klippfisch oder Lutefisk) oder als Trockenfisch aber auch Handelsware und wuchs sprichwörtlich „fast vor der Haustüre“.

In den Geschichten über die Wikinger liest man noch heute immer wieder von Fleischspeisen. Tatsächlich waren die Wikinger keine großen Fleischesser, denn Fleisch war teuer und kam somit nur zu festlichen Anlässen auf den Tisch, dann jedoch in den verschiedensten Variationen. Auch Trockenfleisch war bei den Wikingern ein seltener, aber gerade deswegen beliebter Reiseproviant. Um Fleisch haltbar zu machen, wurde es in Salz eingepökelt und anschließend getrocknet oder geräuchert. Als gesellschaftliches Ereignis galt die Jagd, diente aber zugleich auch zur Nahrungsergänzung durch Wildfleisch wie Reh, Wildschwein, Hase und mehr.

Das heutige Klischee von den „trinkfreudigen Wikingern" stimmt nur zum Teil. Die Wikinger haben gerne und viel getrunken, aber nicht um sich zu berauschen. Alltägliche Getränke waren Wasser, Milch oder Säfte aus Früchten. Die Frauen brauten auch Bier (aus Gerste und Hopfen) welches sie oft mit Kräutern würzten. Meist hatten die Wikinger nur Dünnbier, das durch seinen geringen Alkoholgehalt nicht für große „Besäufnisse" geeignet war. Für festliche Gelegenheiten gab es an den Höfen der Jarls und Könige jedoch eine Art Starkbier. Ein dunkles, altbierähnliches Getränk, das einen höheren Alkoholgehalt hatte und auch den kräftigsten Krieger bei übermäßigem Genuss aus den Stiefeln kippen ließ. Bier und andere alkoholische Getränke wurden bei den Wikingern warm getrunken.

Auch Wein war sehr beliebt. Da allerdings Weintrauben nicht in großem Maße angebaut werden konnten, war auch dies ein Getränk, das den Höhergestellten vorbehalten war, denn Wein kostete viel Geld. Günstig und sortenreich aber waren die Fruchtweine der Nordmänner, welche die Kunst ihrer Herstellung für sich perfektioniert hatten.

Der sagenumwobene und viel besungene Met (Honigwein) zählt heute als „das" Wikingergetränk schlechthin. Das ist jedoch nicht ganz richtig: Die Wikinger haben Met gebraut und diesen auch getrunken, doch entgegen der weitläufigen Meinung nicht um sich sinnlos zu betrinken. Met war ein zeremonielles Getränk, welchem man göttliche Kräfte zusprach. Er wurde als Begrüßungsgeste an einer Festtafel gereicht, nicht aber in großen Mengen. In der Edda wird von Oðrörir, dem Dichtermet, berichtet, dessen Genuss Inspiration und die Kraft der Sprachekstase hervorsprießen ließ. Nicht umsonst heißt es: „Der Wein löst die Zunge".

Suppen & Saucen

Ein altes Sprichwort besagt: „Wer sich die Suppe eingebrockt hat, der muss sie auch auslöffeln!" – und tatsächlich rührt dieser Ausspruch vom Verzehr von Suppe her.

Die einfachen Leute haben sich früher als Einlage altbackenes oder hartes Brot in die häufig wässrige Suppe „eingebrockt" oder „hineingebrochen".

Bei den Wikingern war die „Wassersuppe" jedoch ein seltenes „Arme-Leute-Essen". Suppe war bei ihnen eher kräftig und gut mit Einlage bestückt – und auch die Vielfalt kam hier nicht zu kurz. Viel Spaß bei einem kleinen Ausflug in die Suppenküche der Wikinger!

BERGENSK FISKESUPPE

BERGENSISCHE FISCHSUPPE (NORWEGEN)

ZUTATEN (FÜR 4 PORTIONEN)

750 g Seelachs (mit Kopf)
750 ml Wasser
Salz
2 große Mohrrüben
1 Selleriewurzel
30 g Butter
2–3 EL Mehl
100 ml Milch
1½ TL Thymian
1½ EL Honig oder Zucker
1½ EL Essig (6 %)
200 ml Sahne
2 Eigelb
1 Bund gehackter Schnittlauch

ZUBEREITUNG

Aus dem Seelachs wird zunächst eine kräftige Fischbrühe zubereitet: Den Fisch in 750 ml Wasser und 1 Esslöffel Salz ziehen lassen. Die Brühe gut abschäumen und durch ein Sieb geben. Gräten, Knochen und Häute entfernen. Das gewaschene und geputzte Gemüse hacken und in 250 ml Wasser garen. Die Fischbrühe und die Gemüsebrühe zusammengießen und aufkochen lassen. Eine Mehlschwitze mit Butter, Mehl und Milch zubereiten. In die Brühe geben und schön glatt rühren. Die Suppe mindestens 10 Minuten kochen lassen. Dann leicht köcheln lassen und Thymian, Zucker und Essig hinzugeben. Mit Salz abschmecken. Die Fischstücke hinzufügen. Sahne und Eigelb zusammenrühren, dies mit in die Teller geben und mit Schnittlauch servieren.

BIERSUPPE

ZUTATEN (FÜR 2 PORTIONEN)

8 Scheiben Schwarzbrot
600 ml dunkles Bier
225 ml Wasser
Honig oder Zucker
150 ml Sahne

TIPP

Alternativ kann auch Malzbier verwendet werden.

ZUBEREITUNG

Das Brot in kleine Stückchen schneiden und in einem tiefen Teller zusammen mit Bier und Wasser mindestens 3 Stunden weichen lassen.

Die Mischung in einen Topf geben und leicht köcheln lassen, bis sie eine breiartige Konsistenz hat. Pürieren und mit Zucker abschmecken. Aufkochen und heiß mit Schlagsahne servieren.

SIMPEL FISKESUPPE

EINFACHE FISCHSUPPE

ZUTATEN (FÜR 2 PORTIONEN)

1 Tasse Gerstenkörner
1 Tasse Linsen
150 g Fisch oder Fischfilet
500 ml Wasser
1 TL weißer Gänsefuß
etwas Dill
Salz

ZUBEREITUNG

Über Nacht Gerste und Linsen einweichen und abgießen. Den Fisch ausnehmen und schuppen. Das Wasser mit etwas weißem Gänsefuß, Gerste und Linsen aufkochen. Den Fisch dazugeben und mindestens 1 Stunde kochen lassen, bis er zerfällt. Die Gräten so gut wie möglich entfernen (wem es ohne Gräten lieber ist, der sollte besser Fischfilet verwenden). Fein geschnittenen Dill und Salz zugeben und heiß servieren.

Brennnesselsuppe

Diese Suppe schmeckt am besten, wenn man im Frühjahr junge Brennnesseln erntet. Dazu sollte man gute Handschuhe aus Leder tragen.

Zutaten (für 2 Portionen)

500 g junge Brennnesseln
250 ml Brühe (Fleisch- oder Gemüsebrühe)
1 EL Butter
1–2 EL Mehl
Salz, Majoran, Thymian, Schnittlauch

Zubereitung

Die Brennnesseln waschen und in einen Topf geben, so dass sie mit der Brühe bedeckt sind. Kochen, bis sie gerade weich sind. Die Brühe anschließend abgießen und aufbewahren. Die Brennnesseln klein schneiden. In einem Topf Butter schmelzen, Mehl zugeben und unter ständigem Rühren anschwitzen lassen, dann die Brühe zugeben. Die klein geschnittenen Brennnesseln hinzufügen und das Ganze kochen lassen. Mit Salz, Majoran, Thymian und Schnittlauch abschmecken.

FISKEKRAFT

FISCHBRÜHE (NORWEGEN)

Fischbrühe ist die Grundlage für Fischsuppen, aber auch eine ideale Garflüssigkeit für Fischklößchen, ganze Fische und Fischstücke, da sie deren Geschmack intensiviert.

ZUTATEN (ERGIBT 2 L FISCHBRÜHE)

1 Zwiebel

1 Karotte

1 Sellerieblatt oder ein kleines Stück Selleriewurzel

1 kg Fischabfälle (Köpfe ohne Kiemen, Gräten, Flossen)

3–4 Petersilienstile

10 Pfefferkörner

1 Lorbeerblatt

1 EL milder Essig (ersatzweise auch 2 Zitronenscheiben)

2 EL Salz

2 l Wasser

ZUBEREITUNG

Die Zwiebel grob hacken, die Karotte in Scheiben schneiden, ebenso die Selleriewurzel, falls verwendet. Mit den Fischabfällen und den übrigen Zutaten im offenen Topf zum Kochen bringen und so lange abschäumen, bis sich kein Schaum mehr bildet. Auf kleiner Hitze 20–25 Minuten kochen lassen. Durch ein Nesseltuch abgießen, um die festen Bestandteile zurückzuhalten. Wenn die Fischbrühe nicht sofort gebraucht wird, im kalten Wasserbad schnell abkühlen und sofort einfrieren.

TIPPS

- Durch die Gräten wird Fischbrühe bitter, wenn sie zu lange kocht. Bei Fischbrühe sollte daher das Wasser rasch zum Kochen gebracht werden – nicht ganz langsam, wie bei einer Fleischbrühe.
- Da Fischbrühe anfangs sehr stark schäumt und daher leicht überkocht, sollte ein sehr großer Topf verwendet werden.
- Damit stets die Menge Brühe entnommen werden kann, die gerade benötigt wird, sollte sie in kleinen Portionen eingefroren werden. Eingefrorene Fischbrühe sollte innerhalb von 4–5 Wochen aufgebraucht werden, da sie sonst an Qualität verliert.

Mit freundlicher Genehmigung von Peter Allenbacher (ZDF/Arte Kultur und Wissenschaft).

FISKESUPPE

FISCHSUPPE (NORWEGEN)

ZUTATEN (FÜR 4 PORTIONEN)

1 Karotte
1 Stück Selleriewurzel
250 ml Milch
750 ml Fischbrühe
1 mittelgroße Zwiebel bzw. 1 Lauchstange
30 g Butter
30 g Mehl
Schnittlauch und Dill
200 ml Sauerrahm oder Skyr

ZUBEREITUNG

Karotte und Selleriewurzel grob hacken. Milch und Brühe miteinander vermischen und diese beiden Gemüse darin in 5 Minuten fast gar kochen. Zwiebel oder Lauch fein hacken und in der Butter einige Minuten anschwitzen. Sie dürfen nicht braun werden, sondern sollten noch glasig sein. Jetzt das Mehl einrühren und 1–2 Minuten aufquellen lassen. Die Brühe nach und nach durch ein Sieb dazugeben. Unter ständigem Rühren die Suppe aufkochen und 15 Minuten im offenen Topf leicht kochen lassen, bis sich der Mehlgeschmack verliert. Inzwischen die Kräuter fein hacken. Die zurückbehaltenen Gemüse, Sauerrahm und Kräuter einrühren und sofort servieren.

TIPPS

- Wer nicht so sehr auf Authentizität achtet, kann auch Crème fraîche statt Sauerrahm verwenden.
- Diese Suppe kann mit Fiskeboller als deftige Vorspeise oder mit Fischfilets und Kartoffeln, die in der Mischung aus Brühe und Milch getrennt gegart haben, als Hauptspeise serviert werden.

Mit freundlicher Genehmigung von Peter Allenbacher (ZDF/Arte Kultur und Wissenschaft).

Gelberbssuppe

(Schweden)

Diese Suppe wird in Schweden heute noch traditionellerweise jeden Donnerstag im Julmonat (Dezember) gegessen.

Zutaten (für 4 Portionen)

500 g getrocknete Gelberbsen
2 l Wasser
350 g Geräuchertes vom Schwein
1 Zwiebel
1 Stange Lauch, gehackt
1 TL Majoran
Salz, Pfeffer
Senf

Zubereitung

Die Erbsen waschen und 10 Stunden einweichen. Anschließend in frischem Wasser aufkochen, Schaum und lose Schalen entfernen. So lange wiederholen, bis keine Schalen mehr obenauf schwimmen. Das Fleisch mit der Zwiebel, dem Lauch und dem Majoran zu den Erbsen geben und 2 Stunden bei mäßiger Hitze kochen lassen. Das Fleisch in Stücke schneiden und wieder in die Suppe zurückgeben. Mit Senf servieren.

Grüne Suppe

Zutaten (für 4 Portionen)

500 g Blattspinat
200 g Lauch
¼ Bund frische Petersilie
500 ml Brühe (Fleisch- oder Gemüsebrühe)
Salz, Pfeffer

Tipp

Die Suppe kann mit Eigelb und Sahne verfeinert werden.

Zubereitung

Frischen Spinat und Lauchstange waschen und putzen, die Lauchstange anschließend dünn schneiden. Petersilie waschen und hacken. Lauch und Spinat in kochende Fleisch- oder Gemüsebrühe geben, 5 Minuten kochen lassen, dann auch die Petersilie zugeben und noch ein paar Minuten kochen. Mit Salz und Pfeffer abschmecken.

Gräddsås

Sauce zu den Köttbullar

Zubereitung

Aus dem Bratensatz der Köttbullar (siehe Seite 89) wird eine Sauce hergestellt: Dazu das Fett vorsichtig abgießen, 1 Esslöffel Mehl in die Pfanne. Dann sehr schnell 100 ml Sahne hineinrühren und unter ständigem Rühren 2–3 Minuten kochen, bis sie dick und glatt ist. Über die Köttbullar gießen und servieren.

Mit freundlicher Genehmigung von Linde Dehner (ZDF/Arte Kultur und Wissenschaft).

Hühnersuppe mit Gerste

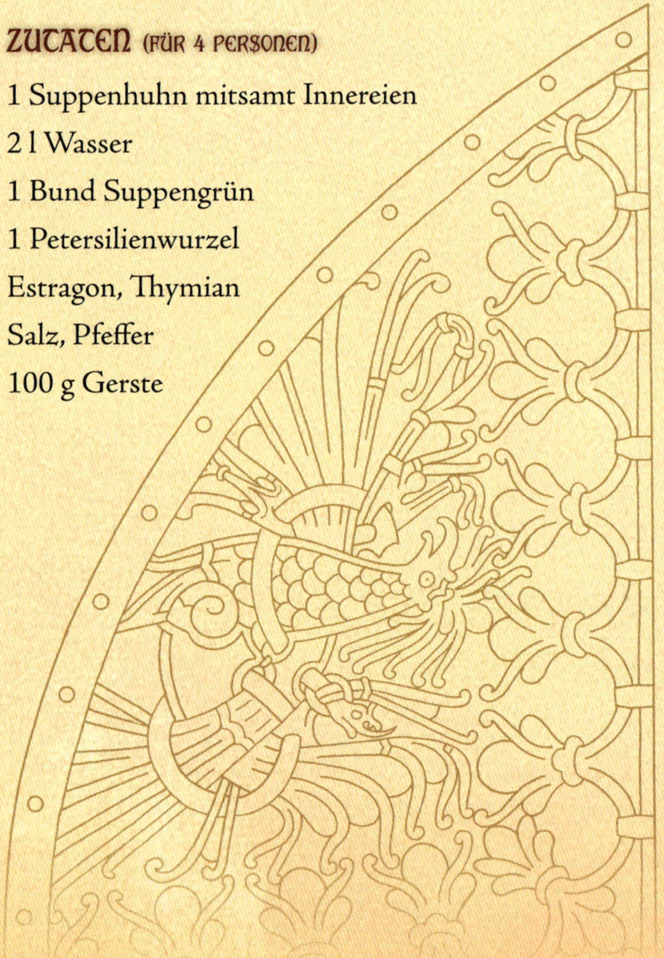

Zutaten (für 4 Personen)

1 Suppenhuhn mitsamt Innereien
2 l Wasser
1 Bund Suppengrün
1 Petersilienwurzel
Estragon, Thymian
Salz, Pfeffer
100 g Gerste

Zubereitung

Das ausgenommene und gewaschene Huhn ins Wasser geben. Das Ganze zum Kochen bringen, abschäumen und zugedeckt bei schwacher Hitze 30 Minuten weiter kochen lassen. Zerkleinertes Suppengrün, Petersilienwurzel, Kräuter und Gewürze sowie von den gesäuberten Innereien das Herz, den aufgeschnittenen Magen und den Hals zugeben und weitere 45 Minuten garen. Die Leber hinzufügen und die Brühe nach 15 Minuten durch ein grobes Sieb abgießen. Dann zurück in den Topf geben und die Gerste unterrühren. Das Huhn enthäuten, das Fleisch von den Knochen lösen, zerkleinern und in der Suppe nochmals 10 Minuten heiß werden lassen. Die Suppe abschmecken und mit gehackter Petersilie bestreuen.

Tipp

Es können statt der Gerste auch Graupen verwenden werden.

JUL-SUPPE

ZUTATEN (FÜR 4 PERSONEN)

5–6 Randenknollen (Rote Bete)
Wasser
1 TL Salz pro Liter
300 g Kohl
2 Zwiebeln
2 EL ausgelassene Butter
1,5 l klare Fleisch- oder Gemüsebrühe
Pfeffer
½ TL Kümmel
Gehackte Petersilie
Sauerrahm

ZUBEREITUNG

Die Randen waschen und bürsten. In Salzwasser 30 Minuten kochen, bis sie weich werden. Herausnehmen und abtropfen lassen. Die Randen schälen und fein raspeln oder in kleine Würfel schneiden. Den Kohl und die Zwiebeln grob raspeln und in der Butter andünsten. Die Bouillon zugeben und 15 Minuten köcheln lassen. Die geraspelten Randen zugeben und aufkochen. Mit Salz, Pfeffer und Kümmel abschmecken. Mit der Petersilie und dem Sauerrahm garnieren und mit Brot servieren.

KJÖTSUPA

LAMMFLEISCHSUPPE (ISLAND)

ZUTATEN (FÜR 6–8 PORTIONEN)

1 kg Lammfleisch mit Knochen
5 große Möhren
1 kleine Knolle Sellerie
1 mittelgroße Steck- oder Kohlrübe
(ersatzweise auch 5 mittelgroße Kartoffeln)
¼ Kopf Weißkohl
Salz

ZUBEREITUNG

Das Lammfleisch in kaltem Wasser aufsetzen und zum Kochen bringen. Den Schaum wiederholt mit einem feinen Schaumlöffel abschöpfen, bis sich keiner mehr bildet. Währenddessen die Möhren, den Sellerie und die Rübe schälen und in Würfel von 1 cm Kantenlänge schneiden. Den Weißkohl in Streifen schneiden. Wenn sich kein Schaum mehr bildet, das Gemüse zum Fleisch in den Topf geben. Vorsichtig salzen. 60 Minuten im halb geschlossenen Topf bei kleiner bis mittlerer Hitze schwach kochen lassen. Abschmecken und servieren.

TIPPS

- Das Gemüse kann für diese Lammfleischsuppe nach Geschmack variiert werden. Árni Tryggvason (Zu Tisch in Island/Arte) würzt diese Suppe nur mit Salz. Gemüse und Fleisch, so sagt er, haben Aroma genug, um eine schmackhafte Suppe zu ergeben.
- Das restlose Abschöpfen des sich bildenden gräulichen Schaums ist die Voraussetzung dafür, dass die Brühe klar wird. Während die Brühe kocht, sollte nicht umgerührt werden. Das setzt trübende Partikel frei.

Mit freundlicher Genehmigung von Peter Allenbacher (ZDF/Arte Kultur und Wissenschaft).

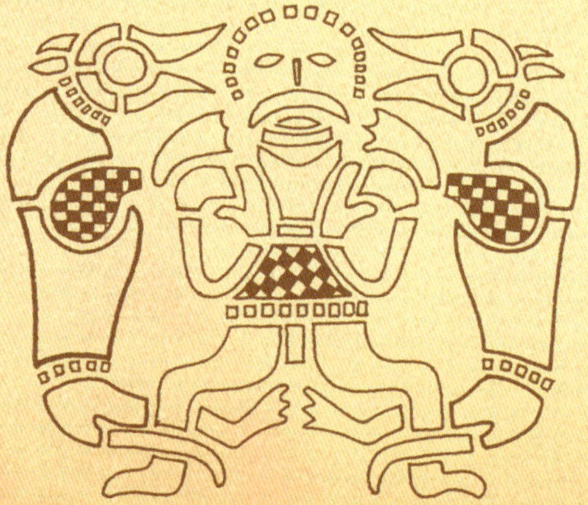

Kräutersalz

Da man das Kräutersalz gut zum Würzen jeglicher Speisen verwenden kann, bietet es sich an, immer einen kleinen Vorrat davon bereitzuhalten. Die Auswahl der Gewürze ist flexibel. Einfach ein wenig experimentieren.

Zutaten

4–8 EL getrocknete Kräuter
(Thymian, Petersilie, Rosmarin, et cetera)
250–500 g Meer- oder Kochsalz

Zubereitung

Die Kräuter in einen Mörser geben und mit dem Stößel gut zerreiben, sodass sich ein aromatischer Geruch verbreitet. Dann 4 Esslöffel Salz zugeben und mit dem Stößel gut verrühren. Diese Mischung zusammen mit dem restlichen Salz in eine Dose geben, die möglichst luftdicht schließt. Das Ganze gut durchschütteln.

Tipps

- Vor jedem Gebrauch gut schütteln.
- Natürlich kann man das Kräutersalz auch jedes Mal frisch zubereiten. Hierzu einfach die benötigten Mengen errechnen oder einfach ausprobieren!

SENF-DILL-SAUCE ZUM GRAVAD LAKS

(NORWEGEN)

ZUTATEN

3 Zwiebeln oder Schalotten
50 g Butter
80 g Senf mit ganzen Körnern
100 ml Fischbrühe
100 ml Sahne
Salz, Pfeffer
1½ TL Essig oder Zitronensaft
80 g frischer Dill, gehackt

ZUBEREITUNG

Schalotten in Butter anbraten, Senf, Fischbrühe und Sahne zugeben. Sauce um die Hälfte reduzieren. Mit Salz, Pfeffer und einigen Tropfen Zitronensaft scharf abschmecken. Dill kurz vor dem Servieren zufügen.

Mehlsuppe

Zutaten (für 4 Personen)

5 EL Mehl
3 EL ausgelassene Butter
2 l Brühe
1 große Zwiebel
Salz, Pfeffer, Muskatnuss
5 EL Rahm oder Sahne
geriebener Käse

Zubereitung

Das Mehl in der Butter rösten, unter Rühren abkühlen lassen. So viel kaltes Wasser beimischen und glatt rühren, bis ein dicker Brei entsteht. Brühe zugeben. Nach 20 Minuten würzen und mit Rahm verfeinern. Mit gebratenen Zwiebeln, Reibkäse und Kümmel servieren.

Tipp

Ist ein hervorragendes Mittel zum Ausnüchtern.

Lauchsuppe

Zutaten (für 4 Personen)

1 kg Lauch
1,25 l Fleisch- oder Gemüsebrühe
Salz, Pfeffer
2 Eier
250 ml Sahne
2–3 TL gehackte Petersilie

Zubereitung

Den Lauch waschen, in 2 cm lange Stücke schneiden und in der Fleischbrühe weichkochen. Mit Salz und Pfeffer abschmecken. Die Eier und die Sahne verquirlen und in die Suppe einrühren, mit Petersilie bestreuen.

Steckrübensuppe

(Norwegen)

Zutaten (für 4 Personen)

1 kg Steckrüben
3–4 Möhren
500 ml Gemüsebrühe
200–300 ml Milch
Salz, Pfeffer, Muskat
wahlweise nach Geschmack Schmand oder saure Sahne

Tipps

- Wer es noch ein wenig würziger mag, gibt vor dem Essen einfach ein paar Knoblauch-Croûtons über die Suppe.
- Es können auch fertiges Gemüsebrühepulver oder -würfel verwendet werden, statt Schmand oder saurer Sahne ist auch Crème fraîche eine Möglichkeit.

Zubereitung

Steckrüben und Karotten schälen und anschließend in Würfel schneiden. Zusammen in der Gemüsebrühe kochen, bis alles weich ist. Dann mit einem Kartoffelstampfer oder einem Mixstab zu einem Brei zerkleinern. Die Milch zugeben und mit Salz, Brühepulver, Pfeffer und Muskat abwürzen. Nochmals kurz aufkochen lassen. Vor dem Servieren kann man nach Belieben noch 1 Esslöffel Schmand oder saure Sahne in den Teller geben.

Würzige Honigtunke

Zutaten

1 Glas Honig (kein Kleehonig)
Gewürze nach Belieben und Geschmack (z. B. Salz, gemahlener Pfeffer, etwas geschrotete Chilischoten)

Zubereitung

Das Honigglas in einen Topf mit Wasser stellen und erhitzen, bis der Honig dünnflüssig ist. Vom Herd nehmen und die Gewürze hinein geben. Gut durchrühren. Anschließend den Honig wieder verschließen und abkühlen lassen.

Tipp

Diese Tunke passt am besten zu gegrilltem, gebratenem oder gebackenem Fleisch. Ich reiche sie gerne zum Schinken im Brotteig, zu Braten, Steaks oder Spare Ribs. Auch zu gebackenem oder gebratenem Fisch passt sie prima.

Zwiebel-Suppe

Zutaten (für 4 Personen)

6 mittelgroße Zwiebeln
40 g Butter
40 g Mehl
1,5 l Fleisch- oder Gemüsebrühe
Pfeffer, Salz

Zubereitung

Die Zwiebeln in Ringe schneiden und in der Butter glasig schwitzen. Das Mehl zugeben und Zwiebeln goldgelb rösten. Mit der Brühe aufgießen, mit Pfeffer und Salz abschmecken und alles kurz durchkochen lassen.

Tipp

Wer es mag, kann auch noch ein paar Knoblauchzehen zu den Zwiebeln geben.

Fladen & Gebäck

Brot zählt seit jeher zu den Grundnahrungsmitteln. Wildwachsende Grassamen waren der Grundstoff für das erste Mehl. Später wurden verschiedene Grassorten als Getreide kultiviert und in großen Mengen angebaut.

Die Wikinger verwendeten viel Roggen- und Dinkelmehl, denn Weizen war damals sehr teuer und schwierig zu kultivieren, da er sehr anfällig für Schimmel und Krankheiten ist. Zum Backrepertoire der Wikinger gehörten sowohl Hefe- als auch Sauerteigbrote, hier beschränke ich mich allerdings auf Hefeteigbrotrezepte. Viel Spaß beim Backen und Ausprobieren!

FLADBRÖT

FLADENBROT ODER WIKINGERKNÄCKE

ZUTATEN (FÜR 10–20 KNÄCKEBROTE MIT Ø 20–30 CM)

350 g Weizenvollkornmehl
150 g Roggenvollkornmehl
1 Würfel Hefe
½ TL Honig oder Zucker
375 ml lauwarmes Wasser
1 TL Salz
4 EL Öl
zum Bestreuen Hagelsalz, Mohn, Sesam, Leinsamen et cetera

TIPP

Für Mittelaltermärkte bietet es sich an, vor dem Bestreichen mit Öl in die Mitte der Fladen ein Loch zu machen, durch das am Ende eine Schnur oder ein Lederriemen gezogen werden kann, um das Brot aufzuhängen.

ZUBEREITUNG

Die beiden Mehlsorten vermischen, den Backofen auf 50 °C vorheizen. In eine große, hitzefeste Schüssel 4–6 Esslöffel des gemischten Mehls geben und die Hefe hineinbröckeln. Zucker und Wasser hinzugeben und zu einem dünnflüssigen Vorteig verrühren. Den Backofen ausschalten, die Schüssel mit dem Vorteig auf mittlerer Schiene hineinstellen und 15 Minuten gehen lassen. Das Salz unter das restliche Mehl mischen und den Vorteig hinzugeben. Das Ganze mit 2 Esslöffel Öl gut verkneten. Den Teig nun 1 Stunde mit einem feuchten Tuch zugedeckt gehen lassen, dann nochmals durchkneten und dünne, runde Fladen ausformen. Die Fladen dann mit dem restlichen Öl bestreichen und je nach Geschmack mit Hagelsalz und Sämereien bestreuen. Weitere 30 Minuten zugedeckt gehen lassen und den Ofen auf 220 °C vorheizen. Die Fladen auf der mittleren Schiene 20 Minuten backen, bis sie goldbraun sind.

LJUSUNGSBRÖD

HELLES FLADENBROT

ZUTATEN

3 l Milch
150 g frische Hefe
etwas Zucker
4 kg gesiebtes Roggenmehl
zum Ausbacken: Grahammehl

TIPP

Für diese Menge den Teig in einer Plastikwanne zubereiten (etwa so groß wie ein Wäschekorb).

ZUBEREITUNG

Milch auf 37 °C erwärmen, Hefe und Zucker dazugeben, dann das durchgesiebte Roggenmehl nach und nach einrühren. 30 Minuten gehen lassen. Kugeln von 10 cm Durchmesser formen. Wieder ruhen lassen. Dann mit einem geriffelten Nudelholz hauchdünn zu Fladen von 80 cm Durchmesser ausrollen. Mit Grahammehl bestäuben und im Steinbackofen bei offenem Feuer direkt auf dem Stein backen. Immer wieder drehen. Wenn das Brot aus dem Ofen kommt, umgehend abbürsten, dann zusammenfalten. Das Fladenbrot wird sofort fest und brüchig. Es hält mehrere Monate.

Mjukbröd

Weiches Fladenbrot

Zutaten (je nach Pfannengrösse 1–3 Stück)

5 l Milch
250 g Hefe
500 g Butter oder Margarine
etwas Zucker
400 ml Honig
2 kg Roggenmehl
Anis, Fenchelsamen, Kümmel nach Geschmack
2–3 EL Salz
4 kg Weizenmehl

Zubereitung

Milch auf 37 °C erwärmen, Hefe in die Milch bröckeln, geschmolzene Butter, Zucker und Honig dazugeben. Roggenmehl mit den Gewürzen und dem Salz mischen. Unterrühren, bis die Mischung die Konsistenz von Joghurt hat. Dann nach und nach das Weizenmehl hinzufügen, bis ein zäher Teig entsteht. 30 Minuten gehen lassen. Teigkugeln formen, zu runden Fladen von 30 cm Durchmesser ausrollen. Auf Backpapier im Backofen bei 220–250 °C einige Minuten backen, bis der Teig gerade ein wenig Farbe hat. Das weiche Fladenbrot kann auch in einer gusseisernen Pfanne gebacken werden, dann nach 2–3 Minuten wie einen Pfannkuchen wenden.

Wikingerfladen

Zutaten (je nach Pfannengrösse 1–3 Stück)

1 Tasse Weizenvollkornmehl
1 Tasse Roggenvollkornmehl
2–3 EL Öl
1 Prise Salz
Wasser

Zubereitung

Alle Zutaten zu einem festen Teig verkneten. Aus dem Teig runde, pfannengroße Fladen dünn ausformen. Die Pfanne gut erhitzen, den Fladen in die Pfanne legen und von beiden Seiten hellbraun backen.

Gefüllte Wikingerfladen

Zutaten (je nach Pfannengrösse 1–3 Stück)

1 Tasse Weizenvollkornmehl
1 Tasse Roggenvollkornmehl
1 Prise Salz
Wasser
250 g Quark
Füllung nach Belieben (z. B. Speck, Schinken, gebratenes Fleisch, Zwiebeln, Schnittlauch, Bärlauch, Lauch, Kräuter, Käse, Obst, Honig)
etwas Öl

Zubereitung

Das Mehl mit Salz und Wasser zu einem festen Teig verkneten. Aus dem Teig runde, pfannengroße Fladen dünn ausformen. Die Fladen dünn mit Quark besteichen (man sollte einen Rand von 1 cm frei lassen, damit man den Fladen gut verschließen kann). Nach Belieben belegen, jedoch nicht zu dick, da der Fladen sonst in der Mitte kalt bleibt. Nun einmal zusammenlegen und den Rand mit dem Löffelstiel fest drücken, damit die Füllung nicht herausläuft. In die heiße Pfanne etwas Fett geben und den Fladen hineinlegen. Von beiden Seiten 5–10 Minuten hellbraun backen.

Getreide-Breie & Leckereien

Breie zählten ebenso zum einfachen „Arme-Leute-Essen" wie Suppen. Allerdings sind sie nicht so eintönig und langweilig, wie manch einer denken mag. Man kann Breie vielfältig mit Zutaten verfeinern und zu einem kulinarischen Erlebnis gestalten.

Und wer nun mutmaßt, Nachspeisen oder Süßspeisen allgemein seien eine Erfindung späterer Zeit, den muss ich enttäuschen. Schon die Wikinger kannten solche feinen Leckereien, die den Gaumen kitzeln. Lasst Euch von diesem Kapitel und seiner Vielfalt überraschen.

Apfelgrütze

Zutaten (für 2 Portionen)

250 g Äpfel
Honig
geröstete, gehackte Nüsse nach Belieben
(Walnüsse, Haselnüsse, Mandeln et cetera)

Zubereitung

Die Äpfel in kleine Stücke schneiden und mit ein wenig Wasser verkochen. Anschließend mit Honig abschmecken und die Nüsse darüber streuen.

Apfelmus

Zutaten (für 2 Portionen)

1 kg Äpfel
200 ml Wasser
200 g Honig oder Zucker
2 Messerspitzen Zimt
5 EL Semmelbrösel oder Paniermehl
2 EL Butter

Zubereitung

Die Äpfel waschen, aber nicht schälen, das Kerngehäuse entfernen. Anschließend klein schneiden und mit dem Zimt weichkochen. Noch im heißen Zustand passieren und süßen. Ein weiteres Mal kurz aufkochen lassen. Die Semmelbrösel beziehungsweise das Paniermehl in der Butter bräunen und über das angerichtete Mus streichen.

Gerstenkugeln mit Wildfrüchten

Zutaten

250 g Gerste
Trockenfrüchte nach Belieben (Äpfel, Pflaumen, Hagebutten, Schlehen et cetera)
Honig
Nüsse nach Belieben (Walnüsse, Haselnüsse, Mandeln et cetera)

Zubereitung

Die Gerste rösten und fein zermahlen. Trockenfrüchte klein schneiden und in etwas Wasser köcheln lassen, bis die Flüssigkeit eindickt. Etwas Honig zugeben und dann über die fein gemahlene Gerste gießen, vermischen und Kugeln formen. Nüsse zerstoßen und rösten. Dann die Kugeln in den Nüssen wälzen.

Gerstengrütze

Zutaten (für 1 Portion)

1 Tasse Gerstenkörner
1 Handvoll Vollkornmehl
1 Prise Salz
zerstoßene Nüsse nach Belieben (Walnüsse, Haselnüsse et cetera)
Honig
2–4 Tassen Wasser

Zubereitung

Die Gerstenkörner über Nacht in kaltem Wasser einweichen. Dann zusammen mit dem Vollkornmehl, etwas Salz, den Nüssen und dem Honig in einen Topf geben. Das Wasser zufügen und das Ganze zum Kochen bringen, dabei ständig umrühren. Wenn die Mischung zu dick wird, noch etwas Wasser zugeben. Weiter köcheln lassen, bis alles gar ist. Die Grütze kann mit Früchten und Sahne oder auch mit Fisch, Geflügel oder Fleisch serviert werden.

FJALLAGRAS

SÜSSSPEISE AUS FJALLAGRAS (ISLANDMOOS) (ISLAND)

ZUTATEN (FÜR 4 PORTIONEN)

50 g getrocknetes Fjallagras (Isländisches Moos)

1 l Milch

125 g Zucker

1 Prise Salz

ZUBEREITUNG

Das getrocknete Fjallagras mehrere Stunden in Wasser einweichen. Anschließend ausdrücken und klein schneiden. Die Milch bis kurz unter den Siedepunkt erhitzen. Den Zucker in einer großen Pfanne auf mittlerer Hitze karamellisieren, dabei unablässig rühren, damit der Zucker gleichmäßig schmilzt und überall gleichzeitig karamellisiert. Auch darauf achten, dass der Zucker nicht verbrennt. Wenn der Zucker karamellisiert, Fjallagras und die heiße Milch dazugeben und mit einer Prise Salz würzen. Alles gut verrühren, abkühlen lassen und in den Kühlschrank stellen.

Mit freundlicher Genehmigung von Peter Allenbacher (ZDF/Arte Kultur und Wissenschaft).

HAVREGRÖT

HAFERBREI-GRUNDREZEPT (NORWEGEN)

ZUTATEN (FÜR 1 PORTION)

1 Tasse kernige Haferflocken
1 Tasse zarte Haferflocken
2 Tassen Milch oder Wasser

TIPP

Zum Süßen können natürlich auch Zucker, Rüben- oder Ahornsirup verwendet werden, wenn man auf Authentizität verzichten kann.

ZUBEREITUNG

Alle Zutaten zusammen in einen Topf geben und kochen, bis ein Brei entsteht.

Für eine süße Variante kann man den fertigen Brei mit Honig und/oder Obst und Nüssen süßen, für eine herzhafte einfach ein wenig Salz dazugeben. Man kann auch gebratene Speckwürfel und/oder Gemüse dazu tun.

Jul-Brei

Zutaten

150 g Weizen
250 ml Wasser
1 TL Salz
1,5 l Milch
70 g Dörrobst oder Weinbeeren
Zimt, Honig oder Zucker
1 Haselnuss

Zubereitung

Den Weizen über Nacht in Wasser mit Salz einweichen und vorkochen. Mit der Milch aufkochen und dann 1 Stunde auf niedriger Temperatur weiterköcheln lassen. Das Dörrobst klein schneiden und zufügen. Mit Zimt und Zucker abschmecken. Zum Schluss die Haselnuss hineintun: Wer sie in seiner Schüssel findet, bekommt ein kleines Geschenk. Eine Portion der Grütze wird dem Julenisse vor die Haustüre gestellt.

Tipp

Wer allergisch auf Nüsse ist, kann statt der Haselnuss auch eine Kirsche nehmen, ein Stück Brot oder ähnliches.

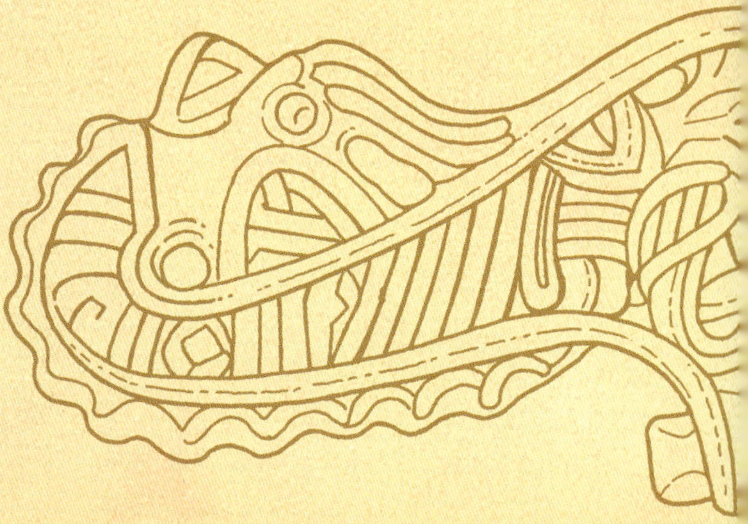

OBSTGRÜTZE

ZUTATEN (FÜR 2 PORTIONEN)

125 g Äpfel
125 g gemischte Beeren (Blaubeeren, Himbeeren, Brombeeren et cetera)
2–4 EL Bucheckern
Honig

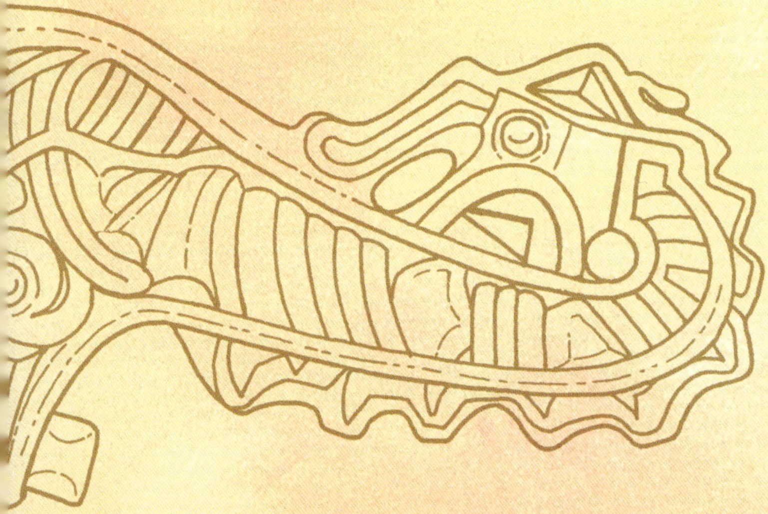

ZUBEREITUNG

Die Äpfel in kleine Stücke schneiden und mit den Beeren in einen Topf geben. Die Bucheckern (wenn selbst gesammelt, bitte schälen) rösten, hacken und zu den Früchten geben. Etwas Wasser dazu, zu Grütze verkochen und zum Schluss mit Honig nach Geschmack süßen.

TIPPS

- Statt der Bucheckern kann man auch andere Nüsse verwenden.
- Statt der Äpfel kann man auch Birnen benutzen.

PFLAUMENMUS

ZUTATEN

500 g getrocknete Pflaumen
1,5 l Wasser
1 EL Met oder Kernobstbrand
1 EL Honig oder Zucker
1 Zimtstange
5 EL Mehl

ZUBEREITUNG

Die Pflaumen über Nacht zusammen mit Wasser und Met beziehungsweise Schnaps einweichen. Am nächsten Tag alles in einem Topf mit Honig beziehungsweise Zucker und Zimt kochen. Die Pflaumenmischung mit Wasser und Mehl abbinden. Das Ganze abkühlen lassen und mit Rahm servieren. Passt ausgezeichnet zum Jul-Brei.

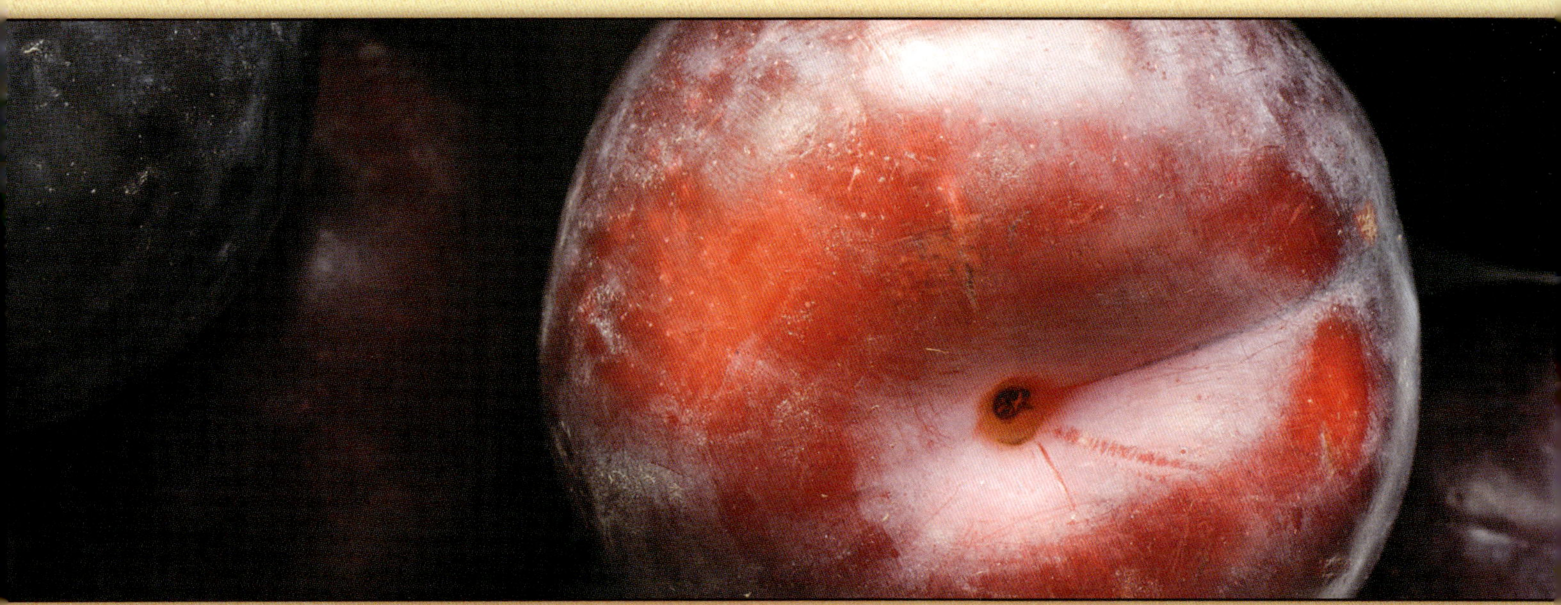

RØMMEGRØT I

Sauerrahmgrütze (Norwegen)

Zutaten (für 4 Personen)

500 ml Rømme
(Schmand oder Crème fraîche)
150 g Weizenmehl
½ TL Salz
500 ml Milch

Zum Servieren

Honig oder Zucker
Zimt
Rosinen

Zubereitung

Die Rømme 5 Minuten kochen lassen, dann die Hälfte des Mehls einrühren und so lange aufkochen, bis sich das Fett absetzt. Das geschmolzene Fett abschöpfen, warm stellen und zur Grütze reichen. Das Salz und das restliche Mehl zugeben, mit ein wenig Milch geschmeidig rühren. Alles unter ständigem Rühren erneut 5 Minuten aufkochen. Das Ganze mit Zimt, Zucker oder Honig und Rosinen servieren.

Rømmegrøt II

Sauerrahmgrütze (Norwegen)

Zutaten (für 4 Personen)

500 ml Crème fraîche oder Sauerrahm (42 % Fett)
150 g Weizenmehl
500 ml Vollmilch
1 TL Salz
nach Belieben Zucker, Zimt, Rosinen

Zubereitung

Die Crème fraîche in einem geschlossenen Topf bei großer Hitze kurz aufkochen, dann auf die kleinste Flamme herunterregeln. Die Hälfte des Mehls unter ständigem Rühren einrieseln lassen. Weiterrühren, bis das Fett austritt. Fett abschöpfen, aufbewahren und zur Grütze reichen. Jetzt das restliche Mehl unter weiterem Rühren einrieseln lassen. Die Vollmilch aufkochen und nach und nach zugeben. Die Grütze so lange rühren, bis sie sehr dickflüssig ist. Salzen und in tiefen Tellern servieren. Jede Portion nach Belieben mit Zucker, Zimt und Rosinen bestreuen.

Tipps

- Für Gerichte, die lange auf kleiner Flamme gerührt werden müssen, eignet sich am besten ein Topf aus emailliertem Gusseisen: Hier brennt so schnell nichts an. Wer auf Nummer sicher gehen will, legt noch ein Flammsieb unter. Allerdings dauert dann die Zubereitung etwas länger.
- Rømmegrøt wird traditionell zu drei Festen aufgetragen: Mittsommer, Erntedank und Silvester. Durch stundenlanges Kochen werden das Aroma und das Fett des norwegischen Sauerrahms konzentriert. Vielleicht bleibt die Rømmegrøt wegen ihres hohen Fettgehaltes besonderen Gelegenheiten vorbehalten.
- Sauerrahmgrütze ist an und für sich schon eine herzhafte Kost. Die Norweger essen dazu Knäckebrot, Räucherschinken und Salami.
- Da norwegischer Sauerrahm hierzulande kaum erhältlich ist, empfehlen wir die Verwendung von Crème fraîche (42 %).

Mit freundlicher Genehmigung von Peter Allenbacher (ZDF/Arte Kultur und Wissenschaft).

Feines mit Gemüse

Das Wort „Gemüse" stammt ursprünglich von dem Begriff „Gemuse", was so viel bedeutet wie „zu Mus zerkochen". Zerkleinert wurde es, weil die Zähne damals nicht von Zahnärzten repariert werden konnten. Zwar war Zahnpflege bekannt, aber bei Weitem noch nicht so effektiv wie heute. Um auch mit den letzten Zahnstummeln noch essen zu können, wurde also alles so weich wie möglich zerkocht. Auch in der Zubereitung von Gemüse ist die Wikingerküche sehr vielfältig und kreativ.
Einfach mal ausprobieren!

BÄRLAUCHSPINAT

ZUTATEN (FÜR 1–2 PERSONEN)

4–5 Handvoll Bärlauchblätter
1 Zwiebel
100 g Sahne
Salz, Pfeffer

ZUBEREITUNG

Den Bärlauch waschen und quer in feine Streifen schneiden. Die Zwiebel schälen, fein würfeln und zusammen mit dem Bärlauch für 10 Minuten in kochendes Wasser geben. Anschließend das Wasser abgießen. Nun die Sahne zugeben, mit Salz und Pfeffer nach Geschmack würzen und noch mal kurz aufkochen lassen.

TIPPS

- Der Bärlauchspinat ist perfekt als Beilage zu Fleisch geeignet.
- Bärlauch kann man leicht mit den giftigen Maiglöckchen verwechseln. Wer sich nicht gut mit Pflanzen auskennt, sollte ihn entweder in einem Blumentopf auf der Fensterbank selbst ziehen oder im Supermarkt oder Bioladen kaufen.

Bierlinsen

Zutaten (für 3–4 Personen)

250 g Linsen
50 g Speck oder Speckwürfel
100 g Wurzelgemüse der Saison
400 ml Bier

Tipp

Hierzu kann man statt gekauftem Bier auch das hausgebraute Bier Kotikalja verwenden (siehe Seite 152).

Zubereitung

Linsen mehrere Stunden einweichen. Speck fein würfeln und mit den Linsen in etwas Wasser kochen. Sobald die Linsen anfangen weich zu werden, fein geschnittenes Wurzelgemüse und das Bier zugeben. Dann so lange köcheln, bis alles etwas eingedickt ist.

Erbsen in Schmalz gedünstet

Zutaten (für 4 Personen)

750 g frische grüne Erbsen
250 g durchwachsener Speck
3 Zwiebeln
60 g Schweineschmalz
1 Bund Petersilie
2 EL gehackter Kerbel
1 TL Honig
Pfeffer, ein wenig Salz

Tipp

Wer keine frischen Erbsen bekommt, kann TK-Erbsen nehmen. Auch Dosenerbsen können verwendet werden, allerdings zerkochen diese leicht zu Mus.

Zubereitung

Die Erbsen putzen, pulen, waschen und abtropfen lassen. Den Speck und die Zwiebeln in kleine Würfel schneiden. Im Schmalz unter Rühren dünsten, bis die Zwiebeln glasig sind. Wenn sie anfangen braun zu werden, die Erbsen zugeben und gut durchmengen. Petersilie und Kerbel fein hacken und zusammen mit dem Honig nach 5 Minuten zugeben. Zugedeckt noch 10 Minuten unter häufigem Schwenken dünsten. Mit Pfeffer und gegebenenfalls Salz abschmecken.

Erbsenbrei mit Wildgemüse

Zutaten (für 3–4 Personen)

500 g getrocknete Erbsen
150 g Wildgemüse (Brennnesseln, Gänsefuß, Wilder Spinat et cetera)
Salz
Butter oder Schmalz
Zitronenmelisse
Leinsamen, geschrotet

Zubereitung

Die Erbsen über Nacht in ausreichend Wasser einweichen und abgießen. Mit frischem Wasser weichkochen. Das Wildgemüse fein schneiden und dazugeben. Mit Salz abschmecken. Kräftig rühren oder stampfen, so dass ein Brei entsteht. Vor dem Servieren etwas Butter oder Schmalz unterrühren und je nach Geschmack mit fein gehackter Zitronenmelisse und geschroteten Leinsamen bestreuen.

GÄNSEFUSS-GEMÜSE

ZUTATEN (FÜR 2 PORTIONEN)

250 g junge Gänsefußblätter (oder Blätter von Wildem Spinat)
Salz
Butter

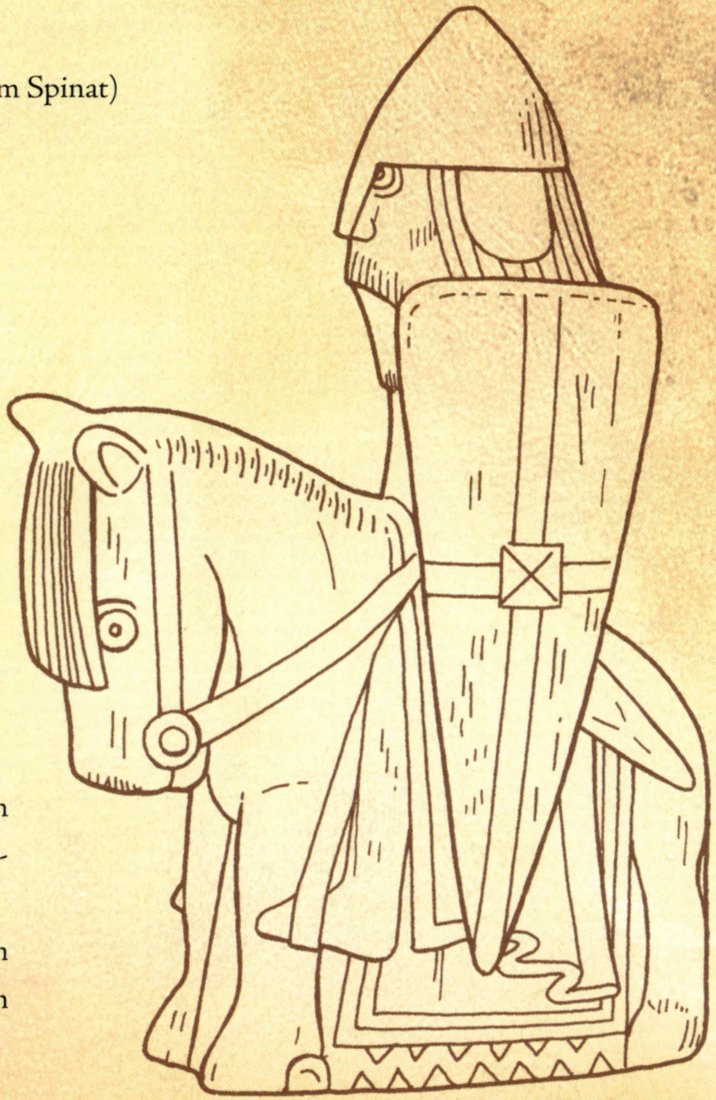

ZUBEREITUNG

Die Pflanzen reinigen und die Blätter für die Weiterverarbeitung abzupfen. Salzwasser zum Kochen bringen, die Gänsefußblätter hineingeben und 5 Minuten kochen, bis sie weich sind. Das Wasser abgießen, die Blätter ein wenig abkühlen lassen und dann mit etwas Butter servieren.

TIPPS

- Dieses Gericht sollte man nicht zu oft und nicht in zu großen Mengen verzehren, da Gänsefuß und wilder Spinat eine abführende Wirkung haben.
- Für dieses Gericht sollten der Gänsefuß oder auch der Wilde Spinat (Guter Heinrich) als junge, noch nicht blühende Pflanzen geerntet werden.

Gemüse von Lauch und Mangold

Zutaten (für 4 Personen)

500 g Mangold
500 g Lauch
1 Zwiebel
2 EL Schmalz
1 Knoblauchzehe
Salz, Pfeffer, Basilikum
125 ml Sahne

Tipp

Statt Basilikum kann auch Petersilie, anstelle des Mangolds auch Blattspinat verwendet werden.

Zubereitung

Den Mangold waschen, die Stiele entfernen und die Blätter kurz mit heißem Wasser aufkochen. Mangold abgießen und mit kaltem Wasser abschrecken. Den Lauch putzen, in 1 cm dicke Scheiben schneiden. Die Zwiebel schälen, in feine Würfel schneiden und in Schmalz glasig dünsten. Die Knoblauchzehe zerdrücken oder fein würfeln und zusammen mit dem Gemüse dazugeben. Im zugedeckten Topf 10 Minuten schmoren lassen. Mit Salz, Pfeffer und Basilikum würzen. Die Sahne unterrühren, kurz aufkochen und servieren.

GEMÜSE ZU FLEISCH ODER FISCH

ZUTATEN

Gemüse der Saison (siehe Lebensmittelliste),
zum Beispiel Lauch, Karotten, Pastinaken,
Mairübchen, Steckrüben oder Weißkraut
Salz, Pfeffer
Dinkelmehl

ZUBEREITUNG

Das Gemüse waschen, putzen, klein schneiden und in einem Topf mit leicht gesalzenem Wasser bissfest kochen. Mit Salz und Pfeffer abschmecken und mit Dinkelmehl eindicken, bis eine Art Brei entsteht. Ständig rühren, um Anbrennen zu vermeiden.

TIPPS

- Statt Dinkelmehl können auch Dinkel-Instant-Flocken verwendet werden.
- Wer sich von authentischer Gemüseauswahl lösen mag, kann auch Kürbis, Kartoffeln und Süßkartoffeln zum Gemüse geben.

Gesottenes Gemüse

Zutaten

Gemüse der Saison (siehe Lebensmittelliste), zum Beispiel Lauch, Karotten, Pastinaken, Mairübchen, Steckrüben oder Weißkraut
Salz, Pfeffer
2–3 EL Butter

Zubereitung

Das Gemüse waschen, putzen und klein schneiden. Den Lauch extra legen. In leicht gesalzenem Wasser das restliche Gemüse bissfest kochen und dann den Lauch zugeben. Das Wasser fast verkochen und nun die Butter dazugeben. Das Gemüse leicht andünsten. Mit Salz und Pfeffer abschmecken. Man kann dem Ganzen auch noch einen süßlichen Geschmack verleihen, indem man ein wenig Honig zugibt.

Tipp

Wer sich von authentischer Gemüseauswahl lösen mag, kann auch Kürbis, Kartoffeln und Süßkartoffeln zum Gemüse geben.

Honig-glasierte Maronen

Zutaten (für 4 Personen)

1–2 EL Honig

400 g vorgekochte Maronen

Tipps

- Am besten eignen sich würzige Honigsorten wie Edelkastanienhonig, Akazienhonig oder Waldhonig.
- Die Maronen passen hervorragend zu Wildgerichten oder Rindfleisch.

Zubereitung

Den Honig in eine Pfanne geben und erhitzen. Wenn er zu kochen beginnt, die vorher (zum Beispiel in der Mikrowelle) leicht erhitzten Maronen zugeben. Die Maronen so lange unter ständigem Rühren im Honig braten, bis sie diesen gänzlich aufgenommen haben.

JUL-ROTKOHL

ZUTATEN (FÜR 4–6 PERSONEN)

2 kg Rotkohl
50 g Butter
2 EL Honig oder Zucker
500 ml Wasser
500 ml Essig
Salz, Pfeffer
2 saure Äpfel
150 g pürierte Johannisbeeren

ZUBEREITUNG

Den Kohl raspeln oder in feine Streifen schneiden. Die Butter in einer großen Pfanne zerlassen und den Zucker einrühren. Den Kohl dazugeben und 5 Minuten dünsten lassen. Wasser und Essig beifügen, das Ganze würzen und dann 2–3 Stunden bei mäßiger Hitze kochen lassen. Die Äpfel schälen, reiben und zusammen mit den Johannisbeeren unter den Kohl mischen. Nochmals 10 Minuten kochen lassen und servieren.

TIPP

Statt der pürierten Johannisbeeren kann auch Johannisbeergelee verwendet werden.

KOHLTOPF

ZUTATEN (FÜR 4 PERSONEN)

1 kg Weißkohl
250 g Äpfel
2 EL Butter
Kümmel, Pfeffer
500 ml Skyr

ZUBEREITUNG

Den Weißkohl waschen und hobeln. Die Äpfel entkernen und in feine Scheiben schneiden. In einem Topf Butter zerlassen, Weißkohl, Kümmel und Pfeffer, Apfelscheiben und Dickmilch schichten und den Topf zudecken. Bei mäßiger Hitze 1 Stunde weichkochen.

LANTTULAATIKKO

KOHLRÜBENAUFLAUF (FINNLAND)

ZUTATEN (FÜR 6–8 PERSONEN)

1 kg Kohl- oder Steckrüben
200 ml Sahne
125 g Semmelbrösel
2 Eier
50 ml Honig oder Zuckersirup
1 TL Salz
¼ TL Muskat
Fett für die Backform

FÜR DEN BELAG

Semmelbrösel und Margarine-/Butterflöckchen

ZUBEREITUNG

Die Rüben schälen, in Streifen schneiden, in einem Topf geradeso mit Wasser bedecken und weichkochen. Anschließend die Rüben abgießen und pürieren. Die restlichen Zutaten hinzufügen. Das Ganze nun gut verrühren und in eine gefettete Auflaufform geben. Die Oberfläche mit einem Löffel oder Teigschaber glätten und mit den Semmelbröseln bestreuen. Schließlich die Butterflocken darauf verteilen und 1 Stunde im vorgeheizten Ofen bei 175 °C backen.

Met-gesottenes Gemüse

Zutaten (für 4 Personen)

1 kg gemischtes Gemüse der Saison (siehe Lebensmittelliste), zum Beispiel Lauch, Karotten, Pastinaken, Mairübchen, Steckrüben oder Weißkraut
2 mittelgroße Zwiebeln
Öl zum Anbraten
500 ml – 1 l Met
Salz, Pfeffer

Zubereitung

Das Gemüse putzen und in mundgerechte Stücke schneiden. Die Zwiebeln schälen und achteln. In einem Topf etwas Öl erhitzen und die Zwiebeln darin anschwitzen. Dann das Gemüse mit Ausnahme des Lauchs hinzugeben. Kurz anschwitzen, mit 500 ml Met ablöschen und mit Salz und Pfeffer würzen. Das Gemüse kochen lassen, bis es weich ist, aber noch einen leichten Biss hat. Immer wieder mit Met aufgießen, damit genug Flüssigkeit im Topf ist und das Gemüse nicht anbrennt. Nach 15 Minuten den Lauch zugeben und die Flüssigkeit verkochen lassen.

Tipp

Nicht authentisch, aber eine schöne Ergänzung sind Kartoffeln oder Süßkartoffeln. Hier können dann zum Abwürzen auch Gemüsebrühepulver oder -würfel verwendet werden.

Pilze mit Knoblauch

Zutaten (für 2 Personen)

500 g Pilze (Weiße Champignons
oder Steinchampignons)
3–6 Knoblauchzehen
Salz
50–100 g Butter
½ Bund frische Petersilie

Tipp

Man kann der Füllpaste auch noch etwas frischen oder getrockneten Bärlauch statt der Knoblauchzehen zugeben.

Zubereitung

Die Pilze reinigen und die Stiele entfernen. Die Knoblauchzehen schälen und mit den Stielen in einer Schüssel oder einem großen Mörser zerkleinern. Etwas Salz zugeben und das Ganze mit Butter und klein gehackter Petersilie zu einer Paste verarbeiten. Ein wenig Butter erhitzen und die Pilze mit der offenen Seite nach unten kurz darin anbraten. Die Pilze wenden und mit einem Löffel etwas von der Butter-Knoblauchpaste in die Pilze füllen. So lange erhitzen, bis die Butter in den Pilzen geschmolzen ist. Heiß mit Brot servieren.

ROSOLLI

ROTE BETE-SALAT (FINNLAND)

ZUTATEN (FÜR 4 PERSONEN)

2 ganze, große Rote Bete
¼ Kohl- oder Steckrübe
1 große Karotte
1 großer Apfel
1 große Salzgurke
½ Zwiebel
Für den Belag etwas Petersilie

SAUCE

1 TL Rote Bete-Saft
½ TL Essig
½ TL Wasser
150 ml Schlagsahne

ZUBEREITUNG

Die Rote Bete, die Rübe und die Karotten weichkochen. Die Rübe und die Karotten schälen und das ganze Gemüse erkalten lassen. Die Rübe, die Karotten, die Rote Bete, den Apfel, die Salzgurke und die Zwiebel in kleine Würfel schneiden und gut miteinander vermischen. Den Rote Bete-Saft mit dem Essig und dem Wasser mischen. Die Sahne steif schlagen und mit dem Gemisch einfärben. Die Rote Bete-Sahne vorsichtig unter das Gemüse heben und mit Petersilie garniert servieren.

TIPP

Man kann auch einfach fertig gekochte oder in Essig eingelegte Rote Bete aus dem Glas nehmen. Statt Rote Bete-Saft, Essig und Wasser nimmt man dann 2 Teelöffel von der Einlege-Flüssigkeit aus dem Rote Bete-Glas.

RØDKÅL

ROTKOHL (SEELAND/DÄNEMARK)

ZUTATEN (FÜR 4–6 PERSONEN)

1 kg Rotkohl
1 große Zwiebel
2–3 saure Äpfel
60 g Gänseschmalz
1 Lorbeerblatt
2–4 Gewürznelken
Salz
Honig oder Zucker
2 EL Essig
2 EL pürierte Johannisbeeren
125 ml Wasser

ZUBEREITUNG

Vom Rotkohl die Blätter entfernen, den Kohl waschen, vierteln, den Strunk entfernen, den Kohl sehr fein schneiden oder hobeln. Die Zwiebel abziehen und würfeln. Die Äpfel schälen, das Gehäuse entfernen und würfeln. Das Gänseschmalz zerlassen, die Zwiebel darin hellgelb dünsten, den Kohl dazugeben, andünsten, die Äpfel, das Lorbeerblatt, die Gewürznelken, Salz, Zucker, Essig, Johannisbeerpüree und bei Bedarf etwas Wasser hinzufügen und gar dünsten lassen. Den Rotkohl mit Salz, Zucker und Essig abschmecken. Dünstzeit 1–1½ Stunden.

Mit freundlicher Genehmigung von Linde Dehner (ZDF/Arte Kultur und Wissenschaft).

TIPPS

- Je kleiner und geschlossener die roten Köpfe sind, desto besser ist ihr Aroma und desto reichhaltiger sind sie.
- Statt des Wassers kann auch Rotwein verwendet werden.
- Das Gänseschmalz kann durch Schweineschmalz oder Butter ersetzt werden.
- Anstelle des Johannesbeerpürees kann auch Johannesbeergelee benutzt werden.

Sauerkraut

Zutaten (für 4–6 Personen)

1 Zwiebel
3 EL ausgelassene Butter
1 kg Sauerkraut
200 ml Weißwein
1 Apfel
5 Wachholderbeeren
Lorbeerblatt
200 ml Brühe

Zubereitung

Die Zwiebeln fein schneiden und in der Butter hellgelb dünsten. Das Sauerkraut beigeben, mit Weißwein ablöschen, den geriebenen Apfel, Wachholderbeeren und Lorbeerblatt zugeben, mit Brühe bedecken und mindestens 1 Stunde kochen lassen.

Tipp

Einmal aufgewärmt schmeckt es am besten.

Wurzelgemüse mit Honig

Zutaten (für 4–6 Personen)

1 Kohlrübe oder Steckrübe
2–3 Möhren
½ Kopf Weißkraut
1 Stange Lauch
Salz, Pfeffer
Butter
Honig

Zubereitung

Das Gemüse schälen und klein schneiden und den Lauch in eine separate Schüssel geben. In leicht gesalzenem Wasser das Gemüse 5 Minuten kochen und dann abgießen. Anschließend das Gemüse in Butter andünsten, bis es weich ist. Gegen Ende den Lauch hinzufügen und bräunen, Honig unterrühren und mit Salz und Pfeffer etwas würzen.

Würzige Pilzpfanne nach Nordmänner-Art

Zutaten (für 4 Personen)

500 g Champignons oder andere Pilze
1 mittelgroße Zwiebel
Öl
Petersilie
250 ml Sahne
Milch
Brühepulver, Salz, Pfeffer, Muskat
etwas Mehl

Zubereitung

Die Pilze putzen und vierteln. Die Zwiebeln schälen und in kleine Würfel schneiden. In einer Pfanne mit hohem Rand oder einem Topf etwas Öl oder Butter heiß machen und die Zwiebeln darin anschwitzen, bis sie glasig sind. Dann die Pilze für 2 Minuten dazugeben und je nach Geschmack mit Petersilie abwürzen. Mit der Sahne ablöschen, mit Milch aufgießen, bis die Pilze gerade bedeckt sind, und 1 gestrichenen Teelöffel Brühepulver dazugeben. Das Ganze 5 Minuten köcheln lassen und anschließend mit Salz, Pfeffer, Muskat und Brühepulver abschmecken. Das Mehl mit etwas Wasser verrühren (um Klümpchen zu vermeiden) und nach Gefühl damit eindicken. Unter Rühren aufkochen lassen, bis eine sämige Konsistenz erreicht ist.

Tipps

- Im Frühjahr und Sommer bietet es sich an, vor dem Servieren zusätzlich frischen, fein geschnittenen Bärlauch einzurühren.
- Das Binden ist auch mit Instant-Dinkel- oder Instant-Haferflocken möglich.

Kräftiges vom Fleisch

Rind, Schwein, Lamm, Ziege, Geflügel, Wild. Fleisch in vielfacher Variation und verschiedensten Zubereitungsformen haben auch die Wikinger schon gekannt. Allerdings haben sie nicht so viel Fleisch gegessen, wie in Filmen immer wieder gezeigt wird. Fleisch gab es oft nur zu Festen. Es machte lediglich einen kleinen Teil des Wikinger-Speiseplans aus. Lasst Euch dennoch von den Rezepten hier inspirieren und mitreißen!

FÅR I KÅL

HAMMELTOPF MIT KOHL (NORWEGEN)

ZUTATEN (FÜR 4–6 PERSONEN)

750 g Hammel- oder Schaffleisch
500 g Zwiebeln
750 g Weißkohl
10 Pfefferkörner
Salz
1–2 EL Mehl
Wasser
1 EL gehackte Petersilie

TIPP

Wer kein Hammel- oder Schaffleisch mag, der kann dieses Rezept auch mit Rindfleisch zubereiten.

ZUBEREITUNG

Das Fleisch in mundgerechte Würfel schneiden und kurz in Brühe garen. Die Zwiebeln in Scheiben schneiden, den Kohl achteln und auch kurz in Brühe garen. Fleisch, Zwiebeln und Kohl lagenweise in einen Topf schichten, Pfefferkörner jeweils auf das Fleisch. Mit dem Kohl abschließen und mit Salz bestreuen. Den Topf zu zwei Dritteln mit Wasser auffüllen und gründlich abdecken. Nun 2 Stunden lang bei mäßiger Hitze schmoren. Aus dem Mehl und einer halben Tasse Wasser einen Brei anrühren, am Schluss zugeben. Gericht durchschütteln bzw. -rühren und mit Petersilie bestreuen.

FLÆSKESTEG

Schweinebraten mit Kruste (Seeland/Dänemark)

Der dänische Flæskesteg wird auch ‚Ribbensteg' genannt und meist mit Rødkål (Rotkohl), Kartoffler (kandierten Kartoffeln) und Brun Sovs (brauner Sauce) serviert. Die Rezepte für die Kartoffeln und die Braune Sauce findet Ihr bei den modernen Rezepten.

Zutaten (für 4 Personen)

1,5 kg Schweinekamm mit Haut bzw. Schwarte
Lorbeerblätter
Salz, Pfeffer

Tipps

- Damit die Kruste schön knusprig wird, ist vor allem die Temperatur des Ofens sehr wichtig. Wenn die Schwarten sich am Anfang schnell aufblähen, ist die Temperatur richtig.
- Dieses Gericht lässt sich auch im Lehmbackofen zubereiten.

Zubereitung

Den Braten auf der Hautseite längs einschneiden und Lorbeerblätter in die Schnitte stecken. Dann mit Salz und Pfeffer würzen. Wasser in eine Bratenform geben, einen Gittereinsatz oder Bratrost darüber hängen und den Braten mit der Hautseite nach oben darauf legen. Den Backofen auf 220 °C vorheizen und den Braten 30 Minuten lang braten. Dann 1 Stunde bei 140 °C schmoren. Den Braten abkühlen lassen und lauwarm (!) servieren.

Mit freundlicher Genehmigung von Linde Dehner (ZDF/Arte Kultur und Wissenschaft).

FLEISCHSPIESSE

ZUTATEN (FÜR 4 PERSONEN)

1 kg Kalbsnuss (alternativ auch Schweine- oder Lammfilet)
Fett für die Auflaufform
1 Bund Petersilie
1 Bund Schnittlauch
10 Zwiebeln oder Schalotten
10 große Champignons
Salz, Pfeffer
3–4 EL Butter oder Butterschmalz zum Einstreichen

ZUBEREITUNG

Das Fleisch säubern und quer zur Faser in 12–16 Scheiben schneiden, mit dem Handballen leicht klopfen und in eine eingefettete Auflaufform oder Schüssel geben. Die Petersilie, Schnittlauch, Schalotten und Champignons fein hacken, mit Salz, frisch gemahlenem Pfeffer und zerlassener Butter oder Butterschmalz vermischen. Über das Fleisch verteilen und zugedeckt 2 Stunden marinieren. Dabei einige Male wenden. Die Fleischscheiben herausnehmen, zusammenklappen oder -rollen, auf Spieße stecken und auf dem Grill oder in der Pfanne unter Wenden 10–15 Minuten braten.

HIRVYKÄRISTYS

GEBRATENES ELCHFLEISCH (FINNLAND)

ZUTATEN (FÜR 4 PERSONEN)

1 kg Elchschulter (alternativ kann auch Hirsch verwendet werden)
150 g Butter
100 ml Wasser
Salz, Pfeffer

TIPP

Hauchdünne Scheiben können nur von leicht angefrorenem Fleisch geschnitten werden. Auch Carpaccio von Fleisch (oder Fisch) wird auf diese Weise geschnitten.

ZUBEREITUNG

Zunächst das Elchfleisch für 1 Stunde in das Eisfach legen, damit es mit einem großen, schweren Messer oder einem Allesschneider in hauchdünne Scheiben geschnitten werden kann. Das Messer sollte durch sie durchscheinen können. Wenn eingefrorenes Elchfleisch verwendet wird, vor dem Schneiden nicht vollständig auftauen. Die Fleischscheiben in einer schweren Pfanne in Einzelportionen in Butter anbraten. Die Pfanne darf nicht zu voll sein, damit das Fleisch kein Wasser zieht. Gebratenes Fleisch in einer angewärmten Schüssel beiseite stellen. Wenn sämtliche Fleischscheiben gebraten sind, alle noch einmal in die Pfanne geben und das Wasser angießen. Wenn das Wasser verdampft ist, sind die Elchfleischscheiben servierbereit. Auf dem Teller ganz nach Geschmack würzen.

Mit freundlicher Genehmigung von Peter Allenbacher (ZDF/Arte Kultur und Wissenschaft).

Hühnertopf mit Bier

Zutaten (für 4 Personen)

1 ganzes Hähnchen
2–3 Möhren
2–3 mittelgroße Zwiebeln
1 Kohlrübe oder Steckrübe
Butter oder Schmalz
Salz, Pfeffer
Thymian
Wacholderbeeren
1 Flasche dunkles Bier

Zubereitung

Das Hähnchen in 8–10 Stücke teilen. Die Möhren, die Zwiebeln und die Kohlrübe in mundgerechte Stücke schneiden. Das Fleisch 5 Minuten auf jeder Seite in Butter oder Schmalz in einem großen Topf anbraten und mit Salz und Pfeffer würzen. Das Gemüse und die Gewürze zugeben und mit dem dunklen Bier aufgießen. Kochen lassen, bis das Gemüse gar ist und anschließend mit Brot servieren.

Tipp

Statt des dunklen Bieres kann man auch das hausgebraute Kotikalja oder Hjemmebrygget øl verwenden. Diese beiden Rezepte sind bei den Getränken und bei den modernen Rezepten zu finden.

Jul-Fleischtopf

Zutaten (für 4 Personen)

3 Zwiebeln
300 g Schweinefleisch
300 g Lammfleisch
300 g Pferdefleisch
ein kräftiger Schuss trockener Rotwein
1 l Brühe
1 Prise Salz
15 Wacholderbeeren

Zubereitung

Die Zwiebeln schälen und in Ringe schneiden. Das Fleisch in mundgerechte Stücke schneiden, mit den Zwiebelringen anbraten und mit Rotwein ablöschen. Zusammen mit der Brühe in eine feuerfeste Form geben und im Ofen 40 Minuten bei 150 °C schmoren. Mit Rotwein, Salz und Wacholder abschmecken. Das Gericht ist aufgewärmt am besten.

Tipps

- Man kann statt Pferdefleisch auch Rindfleisch verwenden.
- Statt des Rotwein macht sich auch ein kräftiger Portwein gut.

JULSKINKA I

WEIHNACHTSSCHINKEN (SCHWEDEN)

ZUTATEN (FÜR 4–8 PERSONEN)

2–6 kg gepökelter Schinken,
mit Knochen oder ausgelöst.
1 Ei
3 EL Senf
1 TL Honig oder Zucker
2–3 EL Semmelbrösel

ZUBEREITUNG

Den Schinken kurz unter kaltem Wasser abspülen, abtrocknen und dann in Alufolie wickeln. In den dicken Teil des Schinkens ein Fleischthermometer stecken und auf einen Bratrost über der Bratenform im Ofen legen. Bei 175 °C backen, bis das Thermometer 75 °C zeigt. Dies dauert 50–75 Minuten pro kg Fleisch. Den Schinken herausnehmen und die Schwarte ablösen. Eine Sauce aus Ei, Senf und Honig oder Zucker anrühren und den Schinken damit einstreichen. Mit den Semmelbröseln gleichmäßig bestreuen. Anschließend den Schinken wieder auf den Rost legen und bei 200 °C im Ofen grillen, bis er knusprig goldbraun ist.

Der Schinken wird mit Senf, Apfelmus und Rotkohl zu Jul serviert.

JULSKINKA II

WEIHNACHTSSCHINKEN (SCHWEDEN)

ZUTATEN (FÜR 4–6 PERSONEN)

1 Schinken, entbeint, mit Schwarte, 3–5 kg

3 Lorbeerblätter, schwarzer Pfeffer, Wacholderbeeren

3–5 Karotten

1 Ei

150 ml süßer Senf

1 EL Semmelbrösel oder Paniermehl

TIPPS

- Backpflaumen und/oder Apfelmus können beim Servieren dazugegeben werden. Rotkohl ist die ideale Ergänzung zu diesem Weihnachtsessen.
- Für den schwedischen Weihnachtsschinken wird ein leicht geräucherter oder gepökelter Schweineschinken verwendet, das ist immer Geschmackssache.

Mit freundlicher Genehmigung von Linde Dehner (ZDF/Arte Kultur und Wissenschaft).

ZUBEREITUNG

An der dicksten Stelle mit dem Messer ein Kreuz in die Speckschwarte ritzen, Bratenthermometer einstecken. Den Schinken mit so viel Wasser in einen großen Topf legen, dass er vollständig bedeckt ist. Karotten und Gewürze dazugeben und zum Kochen bringen. Pro Kilo Schinken 60–70 Minuten leicht sprudelnd kochen lassen. Bei 75–77 °C auf dem Bratenthermometer ist der Schinken fertig. Aus der Brühe nehmen und Fett abschöpfen. Die Brühe als Schinkensuppe verwenden (oder für Blöta, eingeweichtes Fladenbrot). Vom gekochten Schinken die Schwarte entfernen, eine dünne Fettschicht belassen.

Das Ei, den süßen Senf und das Paniermehl mischen, so dass die Masse klebt. Den Schinken auf der Speckseite dünn bestreichen. Mit etwas Paniermehl bestreuen. Den Schinken mit einigen Nelken spicken und bei 250 °C im Ofen 10–15 Minuten überbacken, bis er eine goldbraune Kruste bekommt.

KÖTTBULLAR

FLEISCHBÄLLCHEN (SCHWEDEN)

ZUTATEN (FÜR 4 PERSONEN)

500 g Rinderhackfleisch
1½ TL Salz
schwarzer Pfeffer
1 Eigelb
200–300 ml Sahne
1–2 EL geriebene Zwiebel
eventuell etwas Semmelbrösel oder Paniermehl
2 EL Öl
2 EL Butter

TIPPS

- Mit Gråddsås und Nudeln oder Kartoffeln sind Köttbullar ein Hauptgericht.
- Köttbullar als Vorspeise, als Snack oder auf dem typisch schwedischen „Smörgåsbord" sind etwas kleiner und werden ohne Sauce gegessen.
- Man kann auch einen Esslöffel fein gehackte, frische Petersilie und eine kleine gekochte Kartoffel durchgedrückt in den Köttbullarteig kneten.

ZUBEREITUNG

Hackfleisch mit Salz und Pfeffer mischen, das Eigelb, die Sahne und die Zwiebeln einarbeiten. Ist die Masse zu feucht, noch etwas Paniermehl verwenden. Kleine, runde Klöße formen, 3 cm im Durchmesser. Nebeneinander auf eine Platte legen und mit Plastikfolie abdecken. Vor dem Braten mindestens 1 Stunde kalt stellen. 2 Esslöffel Öl und 2 Esslöffel Butter erhitzen. Wenn die Butter nicht mehr schäumt, 8–10 Fleischbällchen hinein geben. Die Köttbullar in der Pfanne hin und her rollen, damit die Klößchen gleichmäßig braun werden. Nach 2 Minuten die Hitze absenken und weitere 6–8 Minuten garen. Die fertigen Fleischbällchen warm stellen.

Mit freundlicher Genehmigung von Linde Dehner (ZDF/Arte Kultur und Wissenschaft).

LEBERPASTETE

(SEELAND/DÄNEMARK)

ZUTATEN (FÜR 2–4 PERSONEN)

250 g Leber
500 g Speck
4 Eier
Pfeffer, Salz
500 ml Milch

ZUBEREITUNG

Leber und Speck klein schneiden oder pürieren. Die Eier dazugeben und mit Pfeffer und Salz würzen. Die Milch hinzugeben und noch einmal verquirlen. In Aluschälchen füllen und dann 1 Tag lang kalt stellen. Anschließend im Umluftofen 40 Minuten bei 150 °C backen.

TIPPS

- Besonders gut schmeckt Leberpastete auf Smørrebrød.
- Die Leberpastete sollte ein Tag vorm Servieren zubereitet werden, damit sich das Aroma der Gewürze gut entfalten kann.

Mit freundlicher Genehmigung von Linde Dehner (ZDF/Arte Kultur und Wissenschaft).

SVIÐ

GEKOCHTER LAMMKOPF (ISLAND)

ZUTATEN (FÜR 1–2 PERSONEN)

1 frischer Lammkopf
Meersalz

ZUBEREITUNG

Den Lammkopf gut säubern und in leicht siedendem Salzwasser je nach Größe 90–120 Minuten lang kochen. Entweder heiß mit Salzkartoffeln, Kartoffelpüree oder in wenig Wasser gedünsteten Karotten oder aber kalt als Zwischenmahlzeit servieren.

TIPP

Lammköpfe kann man beim Fleischer im Orientladen bestellen und kaufen. „Svið" bedeutet wörtlich „gesengter Lammkopf". Die Isländer lieben ihn als Snack zwischendurch.

Mit freundlicher Genehmigung von Peter Allenbacher (ZDF/Arte Kultur und Wissenschaft).

SVINERIBBE

WEIHNACHTSRIPPE/SCHWEINERIPPE (NORWEGEN)

ZUTATEN (FÜR 4 PERSONEN)

1–1,6 kg Schweinerippe
Salz, Pfeffer
200 ml Wasser

ZUBEREITUNG

1–2 Tage vor dem Braten die Knochen der Rippe durchsägen und die Schwarte rautenförmig einschneiden und mit Salz und Pfeffer einreiben. Wasser in die Bratenform füllen, die Rippe hineinlegen und mit Alufolie abdecken. Bei 230 °C auf mittlerer Schiene 30–40 Minuten braten. Die Folie entfernen und bei 200 °C noch einmal 1½ Stunden (bei einem dünnen Stück) bzw. 2–2½ Stunden (bei einem dickeren Stück) fertig braten. Vor dem Aufschneiden 20 Minuten im ausgeschalteten Ofen ruhen lassen.

TIPPS

- Zur Schweinerippe werden z. B. Fleischklöße, Bratensauce, Äpfel, Pflaumen, Rotkohl, Preiselbeeren und andere Köstlichkeiten des Hauses gereicht.
- Die Svineribbe kann man auch im Stein- oder Lehmbackofen zubereiten.

Mit freundlicher Genehmigung von Peter Allenbacher (ZDF/Arte Kultur und Wissenschaft).

Schinken im Brotteig

Zutaten (für 4–6 Personen)

1,5 kg gepökeltes, nicht zu mageres Schweinefleisch am Stück
1 große Zwiebel
1 EL schwarze Pfefferkörner
2 Lorbeerblätter
300 g Weizenvollkornmehl
300 g Roggenvollkornmehl
100 g Roggenschrot
1 Würfel Hefe
1½ TL Salz
1 TL Zucker
4 EL Röstzwiebeln
1 Beutel Natursauerteig, frisch (150 g)
400 ml lauwarmes Wasser
1 Bund glatte Petersilie
1 Bund Schnittlauch
½ Bund frischer Thymian

Zubereitung

Das Schweinefleisch kalt abwaschen, in einen Topf legen und mit kochendem Wasser aufgießen, bis das Fleisch bedeckt ist. Die Zwiebeln schälen und achteln. Zusammen mit den Pfefferkörnern und den Lorbeerblättern zum Fleisch geben und 75 Minuten leicht köcheln lassen. Für den Brotteig beide Mehlsorten, Schrot, Hefe, Salz, Zucker und Röstzwiebeln vermischen. Den Sauerteig im Beutel unter warmem Wasser etwas erwärmen, zur Mehlmischung geben, mit 400 ml Wasser angießen und zu einem geschmeidigen Teig verkneten. Zugedeckt an einem warmen Ort 45 Minuten gehen lassen. Den Schinken aus der Brühe nehmen und abtrocknen. Die Kräuter hacken. Den Brotteig durchkneten und 1 cm dick ausrollen. Den Teig mit der Hälfte der Kräuter bestreuen, den Schinken darauf legen und mit den restlichen Kräutern bestreuen. Den Schinken in den Brotteig einhüllen, dabei überstehenden Teig abschneiden. Die Teigränder mit Wasser bestreichen und gut zusammendrücken. Aus den Teigresten können Blätter oder Runen zum Verzieren geformt, mit Wasser bepinselt und auf den Teigschinken geklebt werden. Den Schinken auf ein mit Backpapier belegtes Blech setzen, mit feuchten Tüchern abdecken und noch einmal 15 Minuten gehen lassen. In der Zwischenzeit

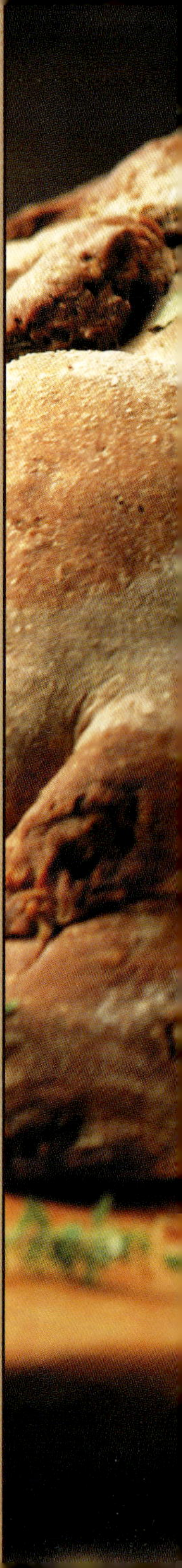

den Ofen auf 175 °C vorheizen. Den Schinken dann auf mittlerer Schiene 1 Stunde backen. Den Teig 10 Minuten vor Ende der Garzeit mit kaltem Wasser bepinseln. Den Braten in Scheiben schneiden und anrichten.

TIPPS

- Den Schinken kann man auch toll zu Hause vorbereiten und kalt mit auf ein Lager nehmen, allerdings bei hohen Temperaturen nicht ohne Kühlmöglichkeit, da er sonst zu schnell verdirbt.
- Der Schinken schmeckt auch kalt wunderbar. Ich mache dazu immer eine würzige Honigtunke.
- Statt der frischen Hefe kann man auch Trockenhefe verwenden.
- Den Natursauerteig bekommt man im Reformhaus, im Bioladen oder beim Bäcker.

Trockenfleisch

Zutaten

2–3 Rinderrouladen (roh und ungefüllt)
Gewürze nach Belieben
Salz
luftdicht schließendes Gefäß

Zubereitung

Von den Rinderrouladen alles vorhandene Fett wegschneiden und der Länge nach in 2–3 cm breite Streifen schneiden. Nun nach Belieben mit Gewürzen einreiben. In das Gefäß eine 5 mm hohe Schicht Salz geben. Eine Lage Rouladenstreifen darauf legen und diese wieder mit einer 5 mm dicken Schicht Salz bedecken (pökeln). Salz und Rouladenstreifen abwechselnd so lange in das Gefäß stapeln, bis das ganze Fleisch eingepökelt ist. Nun in den Kühlschrank stellen und 24 Stunden pökeln. Hierbei entzieht das Salz dem Fleisch das Wasser. Nach 24 Stunden das Fleisch aus der Dose nehmen und mit Küchenkrepp gründlich vom Salz befreien. Den Backofen auf 60 °C vorheizen und die Rouladenstreifen auf dem Rost verteilen, so dass keine Fleischstreifen übereinander liegen. Den Rost auf mittlere Schiene schieben, die Ofentüre z. B. mit einem eingeklemmten Holzkochlöffel einen Spalt offen halten und das Ganze 4 Stunden trocknen lassen. Danach ist das Fleisch 2 Monate haltbar, solange es nicht feucht wird (es reicht eine hohe Luftfeuchtigkeit, z. B. Regen, um das Fleisch verderben zu lassen).

Tipps

- Mit Marinade lässt sich das Trockenfleisch geschmacklich noch etwas verfeinern. Siehe dazu beispielsweise meine Rezepte auf den Seiten 143, 151 und 163.
- Man kann das Fleisch auch in einem Dörrautomaten zubereiten, allerdings müssen hier 7–10 Stunden Dörrzeit einkalkuliert werden.
- Das Trockenfleisch lässt sich prima mit auf den Markt nehmen. Es sollte allerdings restlos verzehrt oder luftdicht aufbewahrt werden, da es sonst bei zu hoher Luftfeuchtigkeit schnell verdirbt.
- Mit Trockenfleisch kann man auch kochen. Hierzu das Trockenfleisch in mundgerechte Stücke schneiden oder brechen und als Einlage in Eintöpfe oder Suppen geben.

Tjälknöl

Frostknolle (Schweden)

Zutaten (für 4 Personen)

1,5 kg tiefgefrorener Elchbraten (alternativ Rinderbraten)

Für den Sud

entstandener Bratensaft
1 l Wasser
1 TL Salz
1 TL Honig oder Zucker
eventuell 1 EL Kräutersalz (siehe Kapitel „Suppen und Saucen")
3 Lorbeerblätter
3 Knoblauchzehen
Thymian (oder andere Kräuter je nach Vorliebe)
grob gemahlener Pfeffer

Zubereitung

Den Ofen auf 100 °C vorheizen. Das gefrorene Fleisch auf ein Gitter in die Fettpfanne (Bratenform) setzen. 10–12 Stunden langsam durchziehen lassen (über Nacht). Mit einem Bratenthermometer in die dickste Stelle des Fleisches stechen. Wenn 75 °C erreicht sind, ist der Braten fertig. Er ist geschrumpft und an der Außenseite schön braun. Den Sud aufkochen und wieder erkalten lassen, eventuell nachsalzen. Das warme Fleisch in den kalten Sud einlegen, so dass es völlig bedeckt ist. 5 Stunden ziehen lassen, damit der Braten die Gewürze in sich aufnehmen kann. Das Fleisch in ganz dünne Scheiben schneiden und mit Petersilie garniert servieren.

Tipps

- Wichtig: Das Fleisch muss gut gefroren sein, also am besten 2 Wochen in den Tiefkühler.
- Das Fleisch in eine doppelte Plastiktüte legen und den Sud auffüllen. Man braucht viel weniger Sud als in einem Topf. Die Tüte ab und zu wenden.
- Reste können sehr gut als Brotauflage verwendet werden.
- Das Fleischstück sollte möglichst rund sein, nicht zu platt, da sonst der Braten schnell trocken wird.
- Wenn der Gewürzsud nicht richtig eingezogen ist, einfach einen Esslöffel davon in die Mitte des aufgeschnittenen Bratens geben.
- Eine passende Sauce hierzu findet sich bei den modernen Rezepten.
- Die Schweden servieren als Beilage Kartoffelsalat oder Kartoffelgratin.

Mit freundlicher Genehmigung von Linde Dehner (ZDF/Arte Kultur und Wissenschaft).

Wildfleischpfeffer

Zutaten (für 4 Personen)

1 kg Wildfleisch (Elch-, Rentier-, Hirschkeule)
150 g geräucherter Speck
Salz, Pfeffer
1 l Bier
1 Messerspitze gemahlene Nelken
1 kleine Stange Zimt
50 g Butter
3 EL Mehl
4 cl Met oder Obstschnaps (Apfel, Kirsche, Pflaume)

Zubereitung

Das Fleisch in mundgerechte Stücke schneiden, den Speck würfeln. Den Speck im Topf anbraten, Fleisch zugeben, würzen und unter ständigem Rühren leicht bräunen. Mit Bier aufgießen und abgedeckt bei guter Hitze 1½ Stunden lang garen lassen. Butter in einer Pfanne zergehen lassen, Mehl zugeben und bräunen lassen. Unter Rühren dem Wildfleischpfeffer zufügen und alles ein paar Minuten kochen lassen. Abschließend den Obstschnaps beziehungsweise Met zugeben.

Tipps

- Statt des Obstschnaps kann man auch Met verwenden.
- Als Beilagen hierzu empfehle ich die Honig-glasierten Maronen (siehe Seite 67) und das Met-gesottene Gemüse (siehe Seite 71).

WILDSCHWEINSPIESSBRATEN

BRAUCHT VORBEREITUNGSZEIT!

ZUTATEN (FÜR 4 PERSONEN)

800 g–1 kg Wildschweinkeule
2 Becher Buttermilch (alternativ Skyr oder Kefir)
1 l Rotwein
Salz, Pfeffer
5 getrocknete Nelken
16 getrocknete Wacholderbeeren
2–3 getrocknete Lorbeerblätter
1 Rollbratennetz (erhältlich beim Metzger)
oder Zwirn zum Binden
etwas Öl für die Bratenform
Wurzelgemüse (Sellerie, Karotten, Zwiebel)
250–500 ml Gemüsebrühe
1 Flasche dunkles Bier
Honig

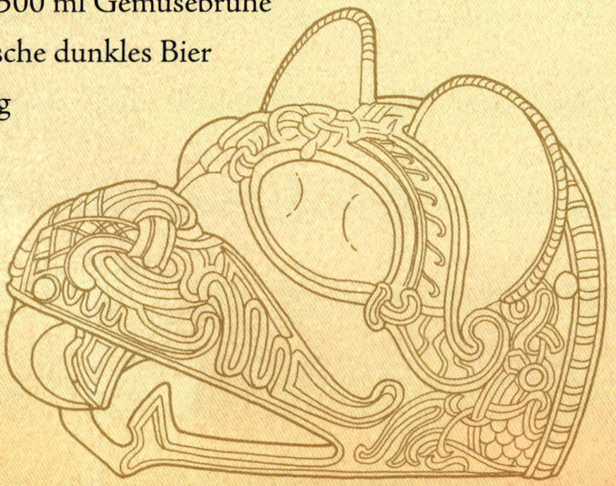

ZUBEREITUNG

Das Wildschwein sollte frisch gekauft und mindestens 2 Tage eingefroren werden, damit es zarter wird. Langsam auftauen lassen. Eine luftdicht verschließbare Dose herrichten, in welcher genug Platz für Fleisch, Buttermilch und Rotwein ist. Das Fleisch trocken tupfen und mit Pfeffer würzen, aber nicht salzen (das macht das Fleisch zäh). Nun das Fleisch in die Dose legen und mit Buttermilch und Rotwein aufgießen, bis es bedeckt ist. Nelken, Wacholderbeeren und Lorbeerblätter dazugeben und mindestens 48 Stunden im Kühlschrank ziehen lassen. Zwischendurch immer wieder wenden, damit auch wirklich jede Fleischseite genügend Marinade abbekommt. Danach das Fleisch aus der Marinade nehmen und trocken tupfen. Nun ein wenig salzen und pfeffern und das Ganze im Rollbratennetz verpacken. In einem Topf oder einer Bratenform etwas Öl erhitzen und den Braten von allen Seiten kurz anbraten, damit sich die Poren des Fleisches schließen. Sonst wird der Braten trocken. Den Heißluftherd

MIT EINER BIER-HONIGKRUSTE

auf 180–200 °C vorheizen. Das Wurzelgemüse waschen, putzen und in mundgerechte Stücke schneiden, in die Bratenform geben und den Braten darauf setzen. Etwas Gemüsebrühe angießen und 1 Stunde braten. Anschließend den Braten auf den Drehspieß stecken und mit den Spießspangen fixieren. Den Spieß in das Grillgerät hängen, den Grill anschalten. Das Bier und den Honig mischen. Ich nehme immer einen halben Kaffeepott Bier (100 ml) und gebe 2–3 EL Honig dazu. Gut vermischen, bis sich der Honig aufgelöst hat. Mit dieser Mischung den Braten nun alle 10 Minuten einstreichen, so dass alle Stellen etwas davon abbekommen. Nach ungefähr 45 Minuten hat der Braten eine schöne Kruste und ist fertig.

TIPPS

- Für Reenactors: Man kann das Schwein vorsichtig im Römertopf vorgaren bzw. schmoren. Den Römertopf aber nicht direkt ins Feuer, sondern nur in die Glut stellen, da er sonst platzt. Das Wildschwein einfach am Spieß über dem Feuer braten und das ständige Drehen nicht vergessen. Den Braten immer wieder mit der Honig-Bier-Mischung bestreichen bzw. übergießen. Am besten eine Pfanne oder ähnliches darunter stellen, um den Bratensaft des Schweins aufzufangen.
- Mit ein wenig Rosmarin wird es noch feiner. Aber Vorsicht, nicht zu viel nehmen.
- Als Beilagen hierzu empfehle ich die Honig-glasierten Maronen (siehe Seite 67) und das Met-gesottene Gemüse (siehe Seite 71).
- Zu Hause brät man den Wildschweinspießbraten am besten in einem Hähnchengrillgerät am Spieß.

Wildschweinbraten

Zutaten (für 4 Personen)

1 kg Wildschweinfleisch (200–250 g Fleisch pro Person)
Pfeffer, Salz
Essig
1–2 Becher Buttermilch
200–300 g gesalzener Speck
500 ml Fleisch- oder Gemüsebrühe

Zubereitung

Vom Bratenstück das Fett wegschneiden und anschließend das Fleisch 1 Tag in Essig und danach 1 Tag in Buttermilch beizen. Gut abwaschen und mit dem gesalzenen Speck spicken. Pro Kilo Fleisch 500 ml Fleisch- oder Gemüsebrühe angießen Dann langsam 1 Stunde bei 180 °C im Ofen braten.

Tipps

- Zum Wildschweinbraten passen sehr gut braune Linsen und Sauerrahm.
- Man kann das Wildschwein auch in einer Beize einlegen, welche zu gleichen Teilen aus trockenem Rotwein und Buttermilch besteht. Dann allerdings insgesamt nur 24 Stunden beizen lassen.
- Statt des Wildschweins kann man auch Rindfleisch verwenden.

Feines vom Fisch

Das A und O bei Fisch ist seine Frische. Frischen Fisch erkennt man an klaren, glänzenden Augen, dunkelroten Kiemen, fest anliegenden Schuppen und einem frischen Geruch. Das Fleisch muss elastisch sein. Wenn man mit dem Finger auf den Fisch drückt und eine Delle zurück bleibt, ist er nicht mehr frisch.

Wichtig ist auch das sogenannte „Drei-S-System", welches oft am Anfang der Zubereitung von Fisch steht. Die drei „S" bedeuten „Säubern", „Säuern" und „Salzen". Hierbei ist es ganz gleich, ob Ihr Euren Fisch küchenfertig kauft oder ihn selbst vorbereitet, ob Ihr ihn im Ganzen oder in Portionen, zum Beispiel als Filet, zubereiten wollt.

Bei der Verarbeitung von Fisch zu Püree oder Gehacktem ist zu beachten, dass Fischeiweiß sehr empfindlich auf Wärme reagiert. Kühlt daher den Fisch immer gut durch oder friert ihn leicht an und lasst das Schneidwerk nicht zu lange laufen – denn wenn das Fischpüree zu warm wird, verliert es seine Bindefähigkeit, und Gerichte wie der Fiskepudding misslingen.

Wie mache ich Fisch küchenfertig?

Das Schuppen

Den Fisch mit einem Tuch am Schwanz packen und vom Schwanz zum Kopf hin mit einem flachgehaltenen Küchenmesser die Schuppen abschaben. Unter Wasser verteilen sich die Schuppen nicht in der Küche. Nicht geschuppt werden natürlich Fische, die „blau" gekocht werden sollen, wie Forelle, Karpfen, Schleie und Aal. Diese beim Säubern nur sehr vorsichtig abspülen, damit die für die Blaufärbung wichtige Schleimschicht nicht verletzt wird.

Das Ausnehmen

Mit einem scharfen Küchenmesser, ebenfalls vom Schwanz zum Kopf hin, die Bauchseite aufschneiden und vorsichtig die Eingeweide herausnehmen. Wichtig: Dabei nicht die Galle verletzen, der Fisch kann sonst einen unangenehmen Geschmack bekommen. Mit dem Messer sorgfältig all die feinen schwarzen und silbernen Häutchen von der Bauchinnenseite abkratzen. Auch die Kiemen herausschneiden, denn sie geben (vor allem bei Karpfen und Schleie) leicht einen modrigen Geschmack ab. Mit einer Schere die Rücken- und Schwanzflossen stutzen.

Das Filetieren

Hierzu die Flossen entfernen und den Rücken des Fisches entlang bis zur Gräte einschneiden. Dann den Kopf hinter den Kiemen abschneiden und vorsichtig das Filet, am Rücken ansetzend, vom Kopf zum Schwanz mit dem Messer Stück für Stück entlang der Gräte ablösen. Auf der anderen Seite ebenso verfahren. Es kann dann auch noch die Haut vom Filet gelöst werden. Dazu das Filet auf die Hautseite legen und mit einem scharfen Messer zwischen Haut und Filet entlangschneiden.

Das Drei-S-System

Säubern

Fisch unter fließendem kalten Wasser abspülen (ganze Fische auch innen). Nie im stehenden Wasser liegen lassen. Der Fisch laugt sonst aus und verliert sein feines Aroma. Nach dem Waschen gut abtropfen lassen, eventuell mit Haushaltspapier (Küchenkrepp) trocken tupfen.

Säuern

Mit ein paar Tropfen Zitronensaft den Fisch rundherum beträufeln und 15 Minuten zugedeckt stehen lassen. Fisch, der „blau" gekocht werden soll, statt mit Zitrone mit heißem Essigwasser (½ Wasser, ½ Wein- oder Estragon-Essig) begießen. Auch in diesem Fall 10–15 Minuten zugedeckt stehen lassen. Das Säuern macht das Fischfleisch weißer und fest. Außerdem bindet es auch möglichen Geruch.

Salzen

Erst unmittelbar vor dem Kochen oder Braten wird gesalzen, weil sonst dem Fisch der Saft entzogen wird. Werden die Fische in einem salzigen Sud gegart, fällt das vorherige Salzen weg. Bei Fischen, die „blau" gekocht werden, und in allen Fällen, in denen der Sud nicht später für Fischsuppe oder Sauce verwendet werden soll, einen gestrichenen Esslöffel Salz auf 1–2 l Flüssigkeit geben. Das gilt auch für das Kochen von Krebsen und Krabben.

Eingelegter Hering

(Schweden)

Zutaten (für 4–6 Personen)

500 g Salzheringe
1 rote Zwiebel (Ringe)
1–2 Möhren (Scheiben)
2 EL Honig oder Zucker
1 TL schwarze Pfefferkörner
3 EL Weinessig oder ½ EL Essigessenz (24 %)
400 ml Wasser

Zubereitung

Salzheringe 12–24 Stunden wässern, je nachdem wie salzig man seine Hering möchte, dabei das Wasser mehrfach wechseln. Will man die Haut nicht abziehen, reibt man die Fische beim Waschen mit der Hand kräftig ab, bis die Schuppen sich lösen, dann filetieren (ausführliche Beschreibung hierzu in der Einleitung dieses Kapitels). Zwiebel in Ringe, Möhren in Scheiben schneiden. Alle Zutaten bis auf den Hering in einem Topf mischen, aufkochen und dann abkühlen lassen. Sud in ein Gefäß abgießen. Abwechselnd Heringsstücke und die anderen Zutaten in einem Glas oder Tongefäß schichten. Zum Schluss den Sud dazugeben. Die Heringe sollten vollständig bedeckt sein. Mindestens 24 Stunden ziehen lassen.

Mit freundlicher Genehmigung von Linde Dehner (ZDF/Arte Kultur und Wissenschaft).

Tipps

- Für Eilige: Einfach fertige Heringsfilets kaufen, die müssen allerdings nicht gewässert werden, wenn es keine Salzheringe sind. Am besten schmecken fette Salzheringe aus Norwegen.
- Um den Geschmack leicht zu verändern, können ein Lorbeerblatt, Pimentkörner (nicht authentisch, aber gut), Senfkörner oder etwas Meerrettich dazugegeben werden.
- Eingelegter Hering gehört zum „Julbord“, zum traditionellen Weihnachtstisch.

FISK BOLLUR

PANIERTE FISCHBÄLLCHEN (ISLAND)

ZUTATEN (FÜR 2–4 PERSONEN)

1 großes Seewolf-Filet
1 großes Kabeljau-Filet
1 EL dunkelbraunes Senfpulver
1 EL hellgelbes Senfpulver
1 TL Knoblauchpulver
2 TL Pfeffer
1 TL Engelwurzpulver (Angelika)
1 TL Salz
2 Eier
Semmelbrösel zum Panieren
Butter- oder Schweineschmalz zum Braten

ZUBEREITUNG

Die Fischfilets behutsam von der Haut lösen, den Fisch in Stücke schneiden und diese durch den Fleischwolf drehen. Die beiden Senfpulver, Knoblauchpulver, Pfeffer, Engelwurz und Salz vermischen und mit dem durchgedrehten Fisch vermengen. Einige Minuten gut gekühlt stehen lassen. Mit angefeuchteten Händen kleine Bällchen formen, diese durch die leicht geschlagenen Eier ziehen und im Semmelmehl wälzen. Schmalz in eine tiefe schwere Pfanne geben, so dass es 2 cm hoch steht. Das Schmalz so lange erhitzen, bis an einem hineingetauchten hölzernen Kochlöffel feine Luftbläschen aufsteigen – das Schmalz hat dann ca. 180 °C. Die Bällchen 5 Minuten braten/frittieren, bis sie goldbraun sind. Heiß oder auf Zimmertemperatur abgekühlt servieren. Für Fischhäppchen bietet sich auch dieses Verfahren an: Die abgelösten Filets in mundgerechte Stücke schneiden. Die Gewürze mischen und unter das Ei schlagen. Die Fischstücke durch die Eimasse ziehen, in den Semmelbröseln wälzen und wie beschrieben goldbraun braten. Auch diese panierten Filetstückchen können heiß oder kalt serviert werden.

TIPPS

- Diese in kurzer Zeit hergestellten Fischbällchen (oder Filetstückchen) sind ideal für jedes Büffet.
- Hellgelbes Senfpulver ist mild, dunkelbraunes leicht scharf.

- Gewürze für Speisen, die paniert werden, gibt man am besten immer in das Ei. Das Ei etwas stärker würzen, damit das fertige Gericht nicht fad schmeckt. Gewürze lassen sich besser mit dem Ei vermischen, wenn man sie zuerst unter das wässrige Eigelb rührt und erst dann mit dem gallertartigen Eiweiß verschlägt.
- Statt Pfeffer kann auch Zitronenpfeffer verwendet werden.

Mit freundlicher Genehmigung von Peter Allenbacher (ZDF/Arte Kultur und Wissenschaft).

FELCHEN, GEBRATEN

(SCHWEDEN)

ZUTATEN

frische Felchen (je nach Größe 1–2 Stück pro Person)
Zitronensaft
Salz
etwas Mehl zum Panieren
Pfeffer, Dill

ZUBEREITUNG

Die frischen Fische schuppen, ausnehmen und filetieren, dann säubern, säuern, salzen. Abschließend die Filets mit Mehl, Salz, Pfeffer und eventuell etwas Dill panieren und in der Pfanne in etwas Butter oder Margarine von beiden Seiten braun braten.

TIPPS

- Für Eilige: Mehl, Salz, Pfeffer und Dill in einer Plastiktüte mischen, die Filets hineingeben und so lange vorsichtig schütteln, bis sie von allen Seiten gleichmäßig paniert sind.
- Zu den Felchen gehört eine weiße Sauce mit Schnittlauch.
- Die Panade schmeckt auch mit Ei als Bindemittel gut.

Mit freundlicher Genehmigung von Linde Dehner (ZDF/Arte Kultur und Wissenschaft).

FISKEBOLLER I

FISCHBÄLLCHEN (NORWEGEN)

ZUTATEN (FÜR 4–6 PERSONEN)

3 kg Fisch (z. B. Schellfisch)
50 g Salz
50 g Weizenmehl
½ TL zerriebene oder gemahlene Muskatnuss
2 l Milch

ZUBEREITUNG

Den Fisch zusammen mit dem Salz in der Küchenmaschine oder mit dem Fleischwolf fein hacken. Mehl und Muskat zugeben und mit Milch verlängern. Die Fischbällchen nun in kochendes, leicht gesalzenes Wasser geben. Kochen lassen, bis sie gut durch sind.

FISKEBOLLER II

FISCHBÄLLCHEN (NORWEGEN)

ZUTATEN (FÜR 4 PERSONEN)

500 g Fischfilet (Dorsch, Lengfisch, Schellfisch, Seelachs)
1 kleine Zwiebel
1 gestrichener EL Mehl (oder Stärke)
350 ml Vollmilch
Salz, frisch gemahlener Pfeffer
frisch geriebene Muskatnuss
1,5–2 l Fischbrühe

ZUBEREITUNG

Die Filets in grobe Stücke schneiden und sehr gut durchkühlen. Das geht am besten im Eisfach, 30–60 Minuten reichen je nach Eisfachleistung aus. Inzwischen die Zwiebel ganz fein hacken. Die Stärke mit etwas Milch anrühren, die übrige Milch ebenfalls kühlen. Jetzt die Filetstücke in der Küchenmaschine pürieren und, während die Maschine noch läuft, die Zwiebel, die Stärkemilch, die restliche Milch, Salz, Pfeffer und Muskatnuss dazugeben. Das muss schnell vonstatten gehen, damit sich die Fischmasse nicht durch das Schlagwerk erwärmt. Beim abschließenden Abschmecken die Gewürze mit dem Löffel unterrühren. Die Fischbrühe zum Kochen bringen und mit einem Teelöffel kleine Klößchen formen. Die Klößchen in der Brühe, die kurz unter dem Siedepunkt gehalten werden sollte, 10–12 Minuten ziehen lassen.

Mit freundlicher Genehmigung von Peter Allenbacher (ZDF/Arte Kultur und Wissenschaft).

TIPPS

- Die Kloßmasse darf auf keinen Fall zu feucht werden, sonst fällt sie beim Garen auseinander. Deshalb auf keinen Fall mehr Milch als angegeben verwenden, eher weniger.
- Fischklößchen sind nicht einfach zuzubereiten. Um zu überprüfen, ob sie zusammenhalten, zunächst eines gar ziehen lassen. Fällt es auseinander, noch ein wenig Stärke dazugeben. Ist es zu fest, vorsichtig noch etwas Milch dazugeben. Auch die korrekte Garzeit lässt sich so am einfachsten ermitteln.

FISKEPUDDING I

FISCHPUDDING (NORWEGEN)

ZUTATEN (FÜR 4 PERSONEN)

1 kg filetierter Fisch (Dorsch, Kabeljau, Seewolf, Schellfisch, Hecht)
130 ml Sahne
1 Ei
50 g Butter
1 EL Butter
3 EL Roggenmehl (oder Kartoffelmehl)
3 EL gehackter Dill
Salz, frischer Pfeffer
2 EL Paniermehl
einige Stängel Dill

ZUBEREITUNG

Den küchenfertigen, filetierten Fisch abwaschen, trocken tupfen und mit der Sahne und dem Ei mit Hilfe des Mixers zerkleinern. Die Butter schmelzen und zusammen mit dem Kartoffelmehl und dem Dill dazugeben. Das Ganze mit Salz und Pfeffer würzen. Eine hohe Puddingform (Pasteten- oder Kastenform) ausbuttern, mit Paniermehl ausstreuen und die Fischmasse einfüllen. Die Form im Wasserbad im Backofen 60–90 Minuten garen. Das Wasser darf nur sieden, auf keinen Fall kochen. Vor dem Servieren einige Minuten im ausgeschalteten Ofen ruhen lassen. Mit Dillzweigen garnieren.

TIPPS

- Für die Garprobe steckt man ein Holzstäbchen in die Pastete und zieht es wieder heraus. Wenn nichts daran haften bleibt, ist die Pastete fertig.
- Wer es gerne etwas würziger hat, kann die Pastete auch noch mit ein paar Tropfen Worcestershiresauce abwürzen.
- Lässt sich auch im Stein- oder Lehmbackofen zubereiten.

FISKEPUDDING II

FISCHPASTETE (NORWEGEN)

ZUTATEN (FÜR 4 PERSONEN)

500 g Fischfilet (Dorsch, Lengfisch, Schellfisch, Seelachs)
1 kleine Zwiebel
1 gestrichener EL Mehl (oder Stärke)
350 ml Vollmilch
1 Ei
Salz, frisch gemahlener Pfeffer
frisch geriebene Muskatnuss
2 EL Butter

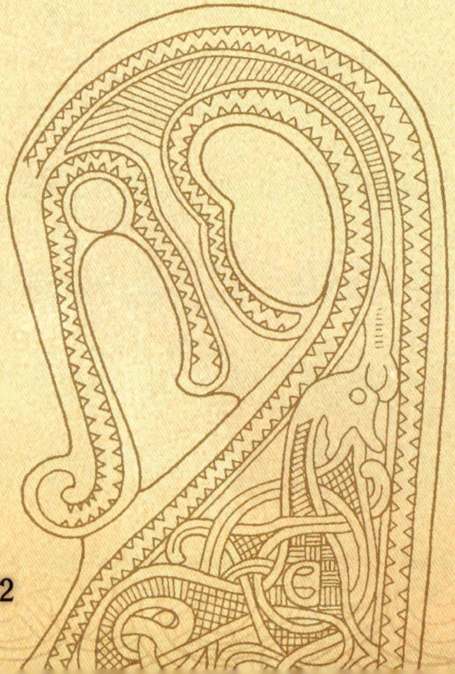

ZUBEREITUNG

Die Filets in grobe Stücke schneiden und sehr gut durchkühlen. Das geht am besten im Eisfach des Kühlschranks, 30–60 Minuten reichen je nach Eisfachleistung aus. Inzwischen die Zwiebel ganz fein hacken. Die Stärke mit etwas Milch anrühren, die übrige Milch und das Ei ebenfalls kühlen. Jetzt die Filetstücke in der Küchenmaschine pürieren und, während die Maschine noch läuft, die Zwiebel, die Stärkemilch, die restliche Milch, das Ei, Salz, Pfeffer und Muskatnuss dazugeben. Mit etwas weniger Milch wird die Masse etwas fester, mit etwas mehr etwas weicher. Das muss schnell vonstatten gehen, damit sich die Fischmasse nicht durch das Schlagwerk erwärmt. Beim abschließenden Abschmecken die Gewürze mit dem Löffel unterrühren. Die Masse in eine gebutterte, wasserdichte Königskuchenform vorzugsweise aus Glas oder Keramik geben und diese auf ein Gitter in ein Bad mit kochendem Wasser stellen. Das Wasser sollte die Form zu zwei Dritteln bedecken. Bei 180 °C im vorgeheizten Ofen 60 Minuten garen. Der Pudding sollte leicht und glatt sein und sich beim Drücken mit einem Finger fest anfühlen. Vorschlag: Den Fischpudding schneiden und bei Zimmertemperatur servieren.

Mit freundlicher Genehmigung von Peter Allenbacher (ZDF/Arte Kultur und Wissenschaft).

TIPPS

- Statt der Zwiebel kann auch der weiße Teil einer Lauchstange fein gehackt und untergezogen werden.
- Mit Safran oder etwas angeschwitztem Currypulver kann diese Fischfarce nach Belieben abgewandelt werden. Das entspricht zwar nicht mehr der Tradition der Norweger, soll aber von Experimenten nicht abhalten.
- Der Gargrad des Fischpuddings wie auch einer klassischen Fischterrine bzw. -pastete kann auch mit einem Bratenthermometer ermittelt werden. In die Mitte gestochen sollte es 70° C anzeigen. Die genannten Gerichte sind nach wenigen Minuten über der Garzeit bereits zu lange gegart. Besonders beim ersten Mal sollte auf die richtige Garzeit für die verwendete Form geachtet werden.
- Dieses Gericht lässt sich auch im Stein- oder Lehmbackofen zubereiten.
- Der Pudding kann mit einigen Shrimps, einem Dillzweig oder einer Zitronenscheibe verziert werden.

FISKEKAKER

FISCHFRIKADELLEN (NORWEGEN)

ZUTATEN (FÜR 4 PERSONEN)

500 g Fischfilet (Dorsch, Lengfisch, Schellfisch, Seelachs)
1 kleine Zwiebel
1 gestrichener EL Mehl (oder Stärke)
350 ml Vollmilch
Salz, frisch gemahlener Pfeffer
frisch geriebene Muskatnuss
Butter zum Braten

ZUBEREITUNG

Die Filets in grobe Stücke schneiden und sehr gut durchkühlen. Das geht am besten im Eisfach des Kühlschranks, 30–60 Minuten reichen je nach Eisfachleistung aus. Inzwischen die Zwiebel ganz fein hacken. Die Stärke mit etwas Milch anrühren, die übrige Milch ebenfalls kühlen. Jetzt die Filetstücke in der Küchenmaschine pürieren und, während die Maschine noch läuft, die Zwiebel, die Stärkemilch, die restliche Milch, Salz, Pfeffer und Muskatnuss dazugeben. Das muss schnell vonstatten gehen, damit sich die Fischmasse nicht durch das Schlagwerk erwärmt. Beim abschließenden Abschmecken die Gewürze mit dem Löffel unterrühren. Mit einem Esslöffel Bratlinge formen und in Butter von beiden Seiten in 5–10 Minuten je Seite hellbraun braten.

TIPP

Fischfrikadellen werden ebenso wie Fiskeboller ohne Ei zubereitet. Auch hier sollte die Milch behutsam zugegeben werden.

Mit freundlicher Genehmigung von Peter Allenbacher (ZDF/Arte Kultur und Wissenschaft).

GRAVAD LAX

Eingegrabener Lachs (Schweden)

Gravad Lax, oder auch „Gravlax" geschrieben, heißt wörtlich übersetzt „Eingegrabener Lachs". Die Fische wurden früher mit den Beizstoffen in Erdlöcher gelegt und mit Steinen beschwert, um Würze hinein- und Wasser hinauszudrücken. In Skandinavien ist Gravedlachs bis zu 30 % teurer als Räucherlachs. In Schweden wird meist mit frischem Dill gearbeitet, man kann auch gefriergetrockneten Dill verwenden, um die Keimzahl niedriger zu halten.

Zutaten (für 4 Personen)

1 kg Lachsfilet
6 EL grobes Meersalz
2 EL Honig oder Zucker
reichlich Dill, am besten frisch,
aber auch getrocknet oder tiefgefroren
schwarzer Pfeffer

Zubereitung

Lachsfilets mit Haut so in Stücke schneiden, dass sie in den Topf aus Steingut oder Glas passen, in dem sie aufgeschichtet werden sollen. Salz und Zucker vermischen und die Fleischseiten des Lachses damit einreiben. Erst eine Schicht Salz-Zuckermischung, dann ein Stück Lachs, darauf Dill und Pfeffer und so weiter. Auf die geschichteten Fischstücke etwas Schweres stellen oder legen, um den Fisch zusammenzupressen. Mindestens 24 Stunden ziehen lassen, am besten 2–3 Tage. Anschließend alle Gewürze gut abkratzen und den Lachs in hauchdünne Scheiben schneiden.

Tipps

- Hält sich im Kühlschrank 1 Woche lang.
- Die Haut an den Filets lassen, dann lässt sich der Lachs später besser schneiden.
- Dickere Scheiben Gravad Lachs kann man auch grillen.
- Man isst den Lachs als Vorspeise und auf dem Brot, er kann aber auch mit Zitronenscheiben und Dill garniert als Hauptgericht mit Kartoffeln zubereitet werden.
- Für Geschmacksvariationen können Wacholderbeeren und ein Glas Gin über die Lachsstücke gegeben werden.
- Gehört zum „Julbord", dem traditionellen Weihnachtstisch.

Mit freundlicher Genehmigung von Linde Dehner (ZDF/Arte Kultur und Wissenschaft).

GRAVED FISK

EINGEGRABENER FISCH (DÄNEMARK)

ZUTATEN (FÜR 1–2 PERSONEN)

1 großes Fischfilet mit Haut (Lachs, Lachsforelle, Dorsch, Forelle, Seelachs)
1 Hand Wachholderbeeren
2 Hände klein gehackter Dill
1½ Hände grobkörniges Meersalz
1 Kelle Honig
Töpferton

ZUBEREITUNG

Den Ton 1½ cm dick ausrollen, so dass der Fisch später darin eingepackt („vergraben") werden kann. Die Wacholderbeeren zerstoßen und mit allen Zutaten gründlich zu einer Paste vermengen. Das Filet mit der Paste dick bestreichen, einrollen, dann auf die Tonplatte legen und in den Ton einpacken. Dazu

legt man die Fischrolle mittig auf die ausgerollte Tonplatte und schlägt erst die obere Kante und dann die untere Kante über den Fisch und drückt die Kanten gut zusammen, damit sie dicht sind. Dann die rechte und die linke Seite gut zusammendrücken, damit diese auch verschlossen und dicht sind. Anschließend 2 Tage im Kühlschrank ruhen lassen, dann auspacken und genießen.

TIPP

Dazu passt am besten die Senf-Dill-Sauce (siehe Seite 30).

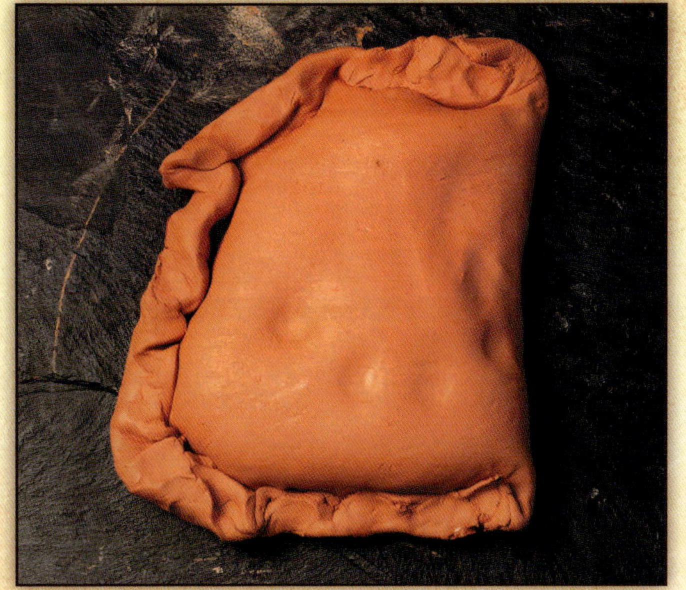

KALAKUKKO

FISCHPASTETE (FINNLAND)

ZUTATEN (FÜR 4 PERSONEN)

FÜR DIE TEIGHÜLLE

2 TL Salz
300 ml Wasser
250 g Roggenmehl
250 g Weizenmehl
25 g zimmerwarme Butter

FÜR DIE FÜLLUNG

700 g Fischfilet (Hering, Flussbarsch, Zwergmaräne)
250 g knorpelfreier, ungeräucherter Speck oder Bacon
1 EL Salz

ZUBEREITUNG

Das Salz im Wasser auflösen. Roggen- und Weizenmehl vermischen und das Mehl nach und nach in die Flüssigkeit geben, bis ein fester, knetbarer Teig entsteht. Die Butter zugeben und den Teig gut durchkneten. Auf einem mit Mehl bestäubten Backbrett oder Backtrennpapier zu einem Kreis von 30 cm Durchmesser ausrollen. Der Teig sollte in der Mitte 1½ cm dick sein und zum Rande hin dünner werden. Den Fisch und den Bacon in der Mitte der Teigplatte übereinanderschichten, dabei am Rand genügend Teig freilassen, um ihn später über die Füllung klappen zu können. Mit einer Schicht Fisch beginnen und oben mit einer Schicht Bacon abschließen. Es sollten 3–5 Schichten sein. Jede Schicht ganz leicht salzen. Die Teigränder über die Füllung klappen und die überlappenden Teigränder gut mit etwas Wasser oder einem leicht geschlagenen Eiweiß verschließen. Die Pastete sollte wie ein großes Brot aussehen. Im vorgeheizten Backofen bei 200 °C (Umluft 180 °C) 60 Minuten backen und dabei in Abständen von 15 Minuten mit Wasser bestreichen. Die Pastete aus dem Ofen nehmen, mit Alufolie umwickeln und für weitere 5 Stunden bei 75 °C (Umluft 50 °C) backen. In dieser Zeit nicht mehr mit Wasser bestreichen. Die in dicke Scheiben geschnittene Pastete bei Zimmertemperatur servieren.

Tipps

- Fisch und Fleisch hören sich in Kombination seltsam an, können aber durchaus eine äußerst schmackhafte Verbindung ergeben. Es sollte nur der beste Bacon verwendet werden. Er sollte mild sein, damit er den zarten Fischgeschmack nicht übertönt. Sein Fett, das beim Backen langsam schmilzt, hält die Füllung schön saftig. Diese rustikale Pastete könnte der kulinarische Höhepunkt des nächsten Picknicks im Grünen sein.
- Wenn die Pastete einen Tag gezogen hat, schmeckt sie noch besser.
- Diese Pastete kann auch mit jeder anderen Mischung von aromatischen See- und Süßwasserfischen hergestellt werden. Es sollte jedoch auf eine ausgewogene Mischung von fetten und weniger fetten Fischen geachtet werden.
- Bei der Verwendung von Vollkornmehl, was die Pastete noch herzhafter werden lässt, sollte die Wassermenge um 50 ml erhöht werden. Vollkornmehl nimmt etwas mehr Flüssigkeit auf.

Mit freundlicher Genehmigung von Peter Allenbacher (ZDF/Arte Kultur und Wissenschaft).

Kräuterforelle

Zutaten

1 kleine Forelle pro Person
Zitronensaft
Salz
verschiedene Kräuter (frisch oder getrocknet)
Mehl
Butter oder Schmalz

Zubereitung

Pro Person 1 kleine Forelle säubern, säuern und salzen. Mit den Kräutern füllen. Dann den Fisch in etwas Mehl wälzen. Das Fett erhitzen und die Forelle 5 Minuten von jeder Seite braten, bis sie gar ist. Heiß servieren.

KLIPPFISKFORM

KLIPPFISCHAUFLAUF (NORWEGEN)

ZUTATEN (FÜR 4 PERSONEN)

250 g gesäuberter Klippfisch, ohne Haut und Gräten
2 EL grobe Semmelbrösel
1½ EL Butter
2 EL Mehl
4 TL Salz
2 TL gemahlene Muskatblüte
Pfeffer nach Geschmack
750 ml Sahne
9 Eigelb
9 Eiweiß, steif geschlagen
etwas Semmelbrösel für die Auflaufform

TIPP

Das Gericht lässt sich auch im Stein- oder Lehmbackofen zubereiten.

ZUBEREITUNG

Der Klippfisch muss gesäubert und frei von Haut und Gräten sein. Es empfiehlt sich daher, je nach Qualität, beim Einkauf etwas großzügigere Mengen zu berechnen. Der Fisch sollte 24 Stunden in fließendem kalten Wasser liegen, wenigstens sollte aber das Wasser häufig (anfangs alle 2–3 Stunden) gewechselt werden. Den gut gewässerten Fisch 10 Minuten in kochendem Wasser (ohne Salz) garen. Den Backofen auf 160 °C vorheizen. Eine Pasteten- oder Auflaufform (2 l Fassungsvermögen) einfetten und mit etwas Semmelbrösel ausstreuen. Den gekochten Fisch noch einmal nachsäubern und fein hacken. Zunächst die Butter, danach das Mehl, die Semmelbrösel, Salz und Gewürze in den Fisch einarbeiten. Anschließend nach und nach die Sahne und die Eigelb unter die Fischmasse rühren. Zuletzt das steifgeschlagene Eiweiß unterrühren. Die Fischmasse in die Form füllen und diese im Wasserbad im Ofen 30–45 Minuten garen.

SCHOLLE, GEBRATEN

(SEELAND/DÄNEMARK)

ZUTATEN (FÜR 6 PERSONEN)

200 g Speck
1 Handvoll Thymian
6 Schollen
Salz, Pfeffer
Zitrone
Mehl zum Wälzen
150 g Butter

ZUBEREITUNG

Den Speck würfeln und auslassen. Das Fett abgießen. Den Thymian zum Speck geben und noch einmal kurz erhitzen. Die Schollen schuppen, waschen, salzen, säuern und pfeffern, dann in Mehl wälzen. Die Butter in einer Pfanne erhitzen und die Schollen 10 Minuten goldgelb braten. Mit dem Speck-Thymian-Gemisch garnieren.

TIPPS

- Statt normalem Thymian macht sich auch Zitronenthymian sehr gut.
- Wer nicht so viel Wert auf Authentizität legt, macht sich Petersilienkartoffeln zur Scholle: 1 kg junge Kartoffeln gut waschen und mit der Schale im Salzwasser gar kochen. 150 g Butter auslassen und die klein geschnittene Petersilie dazugeben. Über die gekochten Kartoffeln gießen und unterheben.
- Junge Kartoffeln kann man auch mit Schale essen.
- Kleinere Schollen haben oft ein besseres Aroma als die größeren.
- Wenn man Schollenfilets nimmt, muss man sie nur 5 Minuten braten.

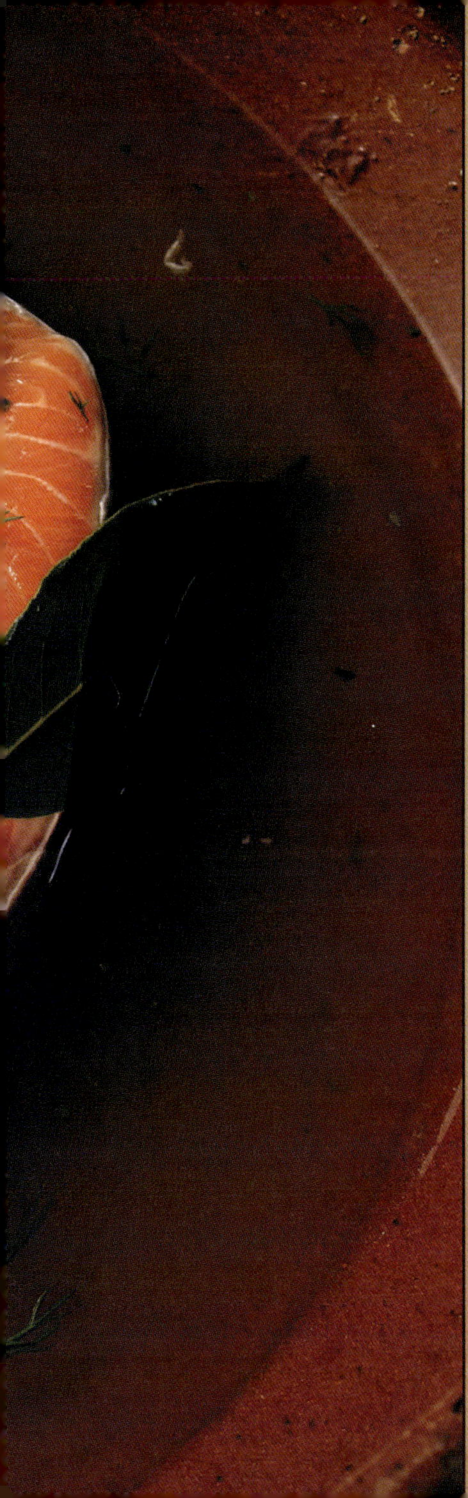

KALL LAKS

KALTER LACHS (NORWEGEN)

ZUTATEN (FÜR 4 PERSONEN)

4 Lachskoteletts (à 200 g)
1,5–2 l Fischbrühe (ersatzweise gesalzenes Wasser)
1 EL Essig
einige schwarze Pfefferkörner
Dill
1 Lorbeerblatt

TIPP

Kalter Lachs wird besonders gut, wenn er mit Fischbrühe zubereitet wird. Man kann freilich auch eine möglichst knapp bemessene Menge Wasser nehmen. In diesem Fall sollte mit 1 TL Salz auf 1 l Flüssigkeit gerechnet werden. Fischbrühe ist bereits gesalzen.

ZUBEREITUNG

Alle Zutaten in die Garflüssigkeit geben, vorsichtig bis kurz unter den Siedepunkt erhitzen. Die Flüssigkeit darf nicht kochen! Sie hat die richtige Gartemperatur, wenn sich am Topfrand deutlich kleine Luftblasen zeigen. Den Lachs jetzt 5–10 Minuten ziehen lassen. Danach die Flüssigkeit in einem kalten Wasserbad schnell herunterkühlen. Dann den Lachs einige Stunden oder über Nacht im Kühlschrank ziehen lassen. Er kann dort bis zu 2 Tagen gelagert werden, ohne dass er verdirbt. Mit Pellkartoffeln und Gurkensalat bei Zimmertemperatur servieren.

Mit freundlicher Genehmigung von Peter Allenbacher (ZDF/Arte Kultur und Wissenschaft).

SKREI

WINTERKABELJAU (NORWEGEN)

ZUTATEN (FÜR 1 PERSON)

250 g Fisch pro Person bestehend aus Kabeljau in Scheiben, einem Rogen und einer Fischleber

Wasser

75 g Salz pro Liter Wasser

1 TL Essig (7 %) pro Liter Wasser

ZUM KOCHEN DER LEBER

100 ml Wasser

½ TL Salz

⅓ TL Pfeffer

1 EL fein gewürfelte Zwiebel

½ Lorbeerblatt

ZUBEREITUNG

Den in Scheiben geschnittenen Fisch einige Minuten unter fließendem kalten Wasser abspülen. Dann in kochendem Wasser, dem Salz und Essig beigegeben sind, ziehen lassen, bis sich die Gräten leicht lösen. Die Fischbrühe auffangen und den Fisch auf einer Platte anrichten. Den Rogen gründlich waschen, das Blut aus den Adern pressen. In Pergamentpapier einpacken und in der Fischbrühe je nach Größe 20–40 Minuten ziehen lassen. Die dünnen Häute entfernen, dann in Würfel mit 12 mm Kantenlänge schneiden und in einem Topf mit kaltem Wasser, Salz, gemahlenem schwarzen Pfeffer, fein geschnittenen Zwiebeln und Lorbeer aufkochen. Von der Kochplatte nehmen, abschäumen und einige Minuten ziehen lassen. Auf einer Platte anrichten und mit frischen Kräutern garnieren.

GETRÄNKE

Met, Bier und Wein waren bei den Wikingern sehr beliebte, wenngleich keine alltäglichen Getränke. Wasser (auch in Kombination mit Frucht- oder Kräuterauszügen) war das Standardgetränk. Und wer nun denkt, die Wikinger hätten sich bei den eher raren Gelegenheiten bis zur Besinnungslosigkeit betrunken, der liegt vollkommen falsch, denn das Bier war Dünnbier, und Met gab es selbst zu Festen nicht in rauen Mengen. Das Brauen von Met und Bier ebenso wie die Herstellung von Wein oblag allein den Frauen. Sie versetzten diese Getränke während der Herstellung mit wohlschmeckenden und manchmal auch sehr berauschenden Kräutern.
Viel Erfolg bei der Herstellung!

APFELWEIN

(ALKOHOLFREI)

ZUTATEN

1 Zimtstange
5–6 Nelken
3–4 daumendicke Stücke
frischer Ingwer
2 l Apfelsaft

ZUBEREITUNG

Die Gewürze in einen Teebeutel oder ein Säckchen aus Leinen geben. Den Apfelsaft erwärmen, den Gewürzbeutel hineinhängen und 10–15 Minuten ziehen lassen. Nun den Gewürzbeutel entfernen und noch warm servieren.

TIPP

Das ist auch ein tolles Getränk für Kinder.

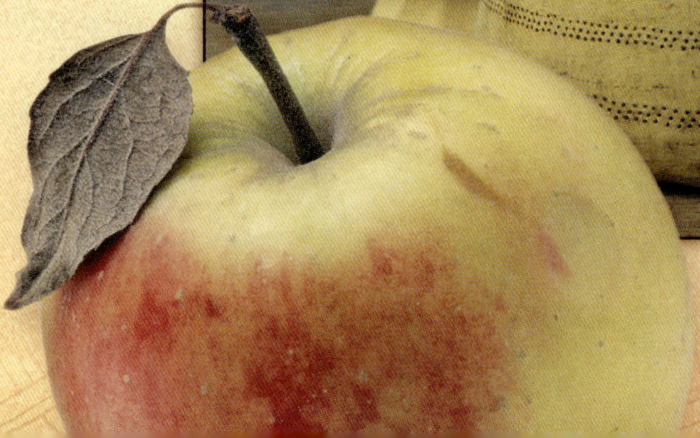

HJEMMEBRYGGET ØL

HAUSGEBRAUTES BIER (NORWEGEN)

ZUTATEN

250 g Wacholderzweige
40 g Hopfen
14 l Wasser
125 g Wachholderbeeren
250 g Kandiszucker
500 g Honig oder Zucker
50 g frische Hefe

ZUBEREITUNG

Die Wacholderbeeren im Mörser zerstoßen und zusammen mit den Wacholderzweigen und dem Hopfen 15 Minuten im Wasser kochen. Anschließend die Flüssigkeit durch ein Sieb gießen. Den Kandiszucker mit 1 Liter dieser Brühe aufkochen, dann abseihen und zur restlichen Wacholderbrühe geben. Den Honig oder Zucker in einer Pfanne bräunen beziehungsweise karamellisieren und mit etwas Wacholderbrühe ablöschen. Das Ganze wieder zur restlichen Wacholderbrühe geben und die Hefe einrühren. Hierzu sollte die Wacholderbrühe handwarm sein (nicht mehr als 30 °C). Nun 2 Tage gären lassen, abschöpfen und in Flaschen füllen. Aber Vorsicht! Die Gärung muss vollkommen abgeschlossen sein, da sonst Druck in den Flaschen entsteht und diese explodieren können. Schließlich 2–3 Wochen kühl lagern.

KRÄUTERWEIN

ZUTATEN

1 l trockener Weißwein
250 g Honig
½ TL Wacholderbeeren
1 Zimtstange
½ TL Nelken
Glasflasche mit Verschluss

ZUBEREITUNG

Den Weißwein erwärmen und den Honig dazugeben. So lange umrühren, bis sich der Honig vollständig aufgelöst hat. Das Ganze in eine Glasflasche abfüllen, Wacholderbeeren, Zimtstange und Nelken dazugeben. Die Flasche verkorken und kräftig schütteln. Bei Zimmertemperatur reifen lassen. Wichtig: Täglich einmal kräftig schütteln. Nach 7 Tagen durch ein Sieb filtern. Man kann den Kräuterwein sowohl kalt als auch warm genießen.

TIPP

Die Glasflasche muss sauber sein, da sonst der Kräuterwein schlecht werden kann.

Met

Honigwein

Zutaten (für 5 Liter)

2 kg Honig
Anis nach Belieben
2,5 l Wasser
200 g Hefe, frisch
1 Gärballon für 5 l
1 Gummistopfen mit Loch für das Gärröhrchen
1 Gärröhrchen (am besten aus Glas)
Glasflaschen mit Verschluss

Zubereitung

Honig und Anis zusammen im Wasser aufkochen. Den Schaum mit einer Schaumkelle abnehmen. Wenn sich kein Schaum mehr bildet, den Sud auf 30 °C abkühlen lassen. Nun die Hefe hineinbröckeln und so lange rühren, bis sie sich aufgelöst hat. Den Sud in den Gärballon gießen und mit dem Gummistopfen verschließen. Das Gärröhrchen in das dafür vorgesehene Loch stecken und mit etwas Wasser füllen (am besten beim Händler direkt genau erklären lassen). Den Gärballon nun an einen warmen, sonnigen Ort stellen und dort 6–8 Wochen stehen lassen. Der Met kann jetzt in Flaschen abgefüllt werden. Achtung: Der Met darf keinesfalls mehr gären, wenn er in die Flaschen abgefüllt wird, andernfalls können diese aufgrunds des entstehenden Drucks explodieren.

Tipps

- Die Glasflaschen und der Gärballon müssen sauber sein, da sonst der Met schlecht werden kann.
- Ich verwende immer entweder würzige oder milde Honigsorten wie z. B. Waldhonig oder Akazienhonig, mische die Sorten aber nicht.

Moderne Rezepte des Nordens

In diesem Kapitel sind einige Rezepte mit Zutaten zusammengefasst, die den Wikingern nicht zur Verfügung standen. Trotzdem sind sie gut für Festessen, z. B. zu den Jahreskreisfesten geeignet.

BÄRENFANG

HONIGLIKÖR BZW. -SCHNAPS

ZUTATEN

400 ml Wasser
350 g Honig (z. B. Akazienhonig)
250 ml reiner Alkohol, nicht vergällt (Weingeist)
2 Zimtstangen
¼ Schale einer unbehandelte Zitrone
1 Glasflasche mit Verschluss

TIPP

Die Glasflasche muss sauber sein, da der Bärenfang sonst schlecht werden kann.

ZUBEREITUNG

Wasser erwärmen und den Honig dazugeben. So lange umrühren, bis sich der Honig vollständig aufgelöst hat. Jetzt den Weingeist hinzufügen und alles in eine Glasflasche abfüllen. Nun die Zimtstange und die sehr dünn geschälte Zitronenschale hinzufügen. Die Flasche verschließen und kräftig schütteln. Das Ganze bei Zimmertemperatur reifen lassen. Wichtig: Täglich einmal kräftig schütteln. Nach 7 Tagen ist der Bärenfang trinkfertig. Zitronenschale und Zimtstange vorher entfernen.

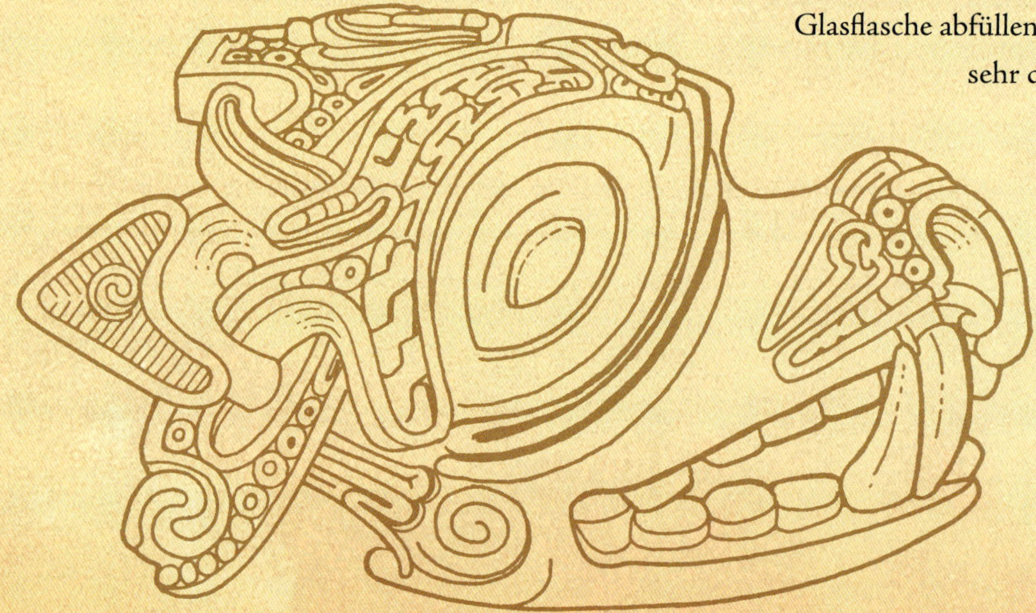

BLØTKAKE

Sahnetorte mit Moltebeeren

Zutaten (für 1 Torte mit Ø 23 cm)

Für den Biskuitteig

60 g Butter
4 Eier
125 g Zucker
1 Prise Salz
125 g Mehl
60 g Butter
Mehl und Butter zum Vorbereiten der Backform

Für die Cremefüllung

750 ml süße Sahne (36 %)
5 EL Zucker
300 g Moltebeeren

Zubereitung

Zunächst die Butter klären, dazu die Butter in einem kleinen Topf flüssig werden lassen (nicht kochen!), den Schaum von der Oberfläche abschöpfen und das Fett in eine Schüssel gießen, wobei der milchige Bodensatz im Topf bleiben sollte. Den Ofen vorheizen.

Eier, Zucker und Salz mit einem Handrührgerät oder einem Schneebesen zu einer feinen Schaummasse schlagen, die ein bisschen dicker als Pfannkuchenteig vom Rührgerät abfließt. Das gesiebte Mehl in 2–3 Portionen vorsichtig mit einem Spatel unterheben. Mit der letzten Portion Mehl auch die geklärte Butter zugeben. Sofort die Backform einfetten und mit Mehl ausstreuen. Überschüssiges Mehl ausschütteln. Den Teig in die Form füllen und im vorgeheizten Ofen bei 180 °C (Umluft 170 °C) 30–40 Minuten backen. Der Teig ist durchgebacken, wenn er sich vom Rand der Form löst und bei leichtem Fingerdruck in die Mitte zurückfedert. Den Biskuit aus dem Ofen nehmen, 10 Minuten in der Form ausruhen lassen und dann stürzen. Wenn der Biskuitboden vollständig erkaltet ist, einmal waagrecht durchschneiden. Alles, was zum Sahneschlagen benötigt wird, gut durchkühlen. Die Sahne mit dem Zucker so lange mit einem Handrührgerät oder Schneebesen schlagen, bis sie feste Spitzen bildet. Einen Tortenboden auf eine Papiermanschette legen und ein Drittel der Sahne darauf geben. Einige

Moltebeeren als Verzierung beiseite legen. Die restlichen Beeren in die Sahne rühren und den zweiten Tortenboden auflegen. Die Torte rundherum mit etwas mehr als dem zweiten Drittel der Sahne bestreichen. Die restliche Sahne in einen Spritzbeutel füllen und die Torte auf der Oberseite am Rand mit aufgespritzten Rosetten verzieren, innen mit einem Gittermuster. Die zurückbehaltenen Moltebeeren in die entstehenden Quadrate setzen. Die Torte bis zum Servieren kaltstellen, noch am gleichen Tag essen.

TIPPS

- Moltebeeren sind eine skandinavische Spezialität, die hierzulande leider kaum zu kaufen ist. Sahnetorten wie diese können aber auch mit Himbeeren und Brombeeren aufgeschichtet werden.
- In Norwegen füllt man die Torte auch mit Moltebeerenmarmelade (2 Gläser). In diesem Fall sollte die Sahnemenge auf 500 ml reduziert werden und Marmelade und Tortenböden müssen 1 Tag durchziehen.
- Sahne mit einem Fettgehalt über 35 % flockt beim Schlagen nicht so schnell aus, da sie schneller steif wird. Sie bleibt auch länger fest als Sahne mit weniger Fett. Sowohl Sahne als auch Schlaggerät müssen immer gekühlt werden. Geschlagene Sahne gehört ebenso in den Kühlschrank wie Sahnetorten.
- Wenn Biskuitteige und Sahne mit dem Schneebesen geschlagen werden, so macht das zwar mehr Mühe, das Ergebnis fällt aber besser aus. Durch das Schlagen von Hand werden die eingeschlossenen Luftbläschen gleichmäßiger verteilt.

Mit freundlicher Genehmigung von Peter Allenbacher (ZDF/Arte Kultur und Wissenschaft).

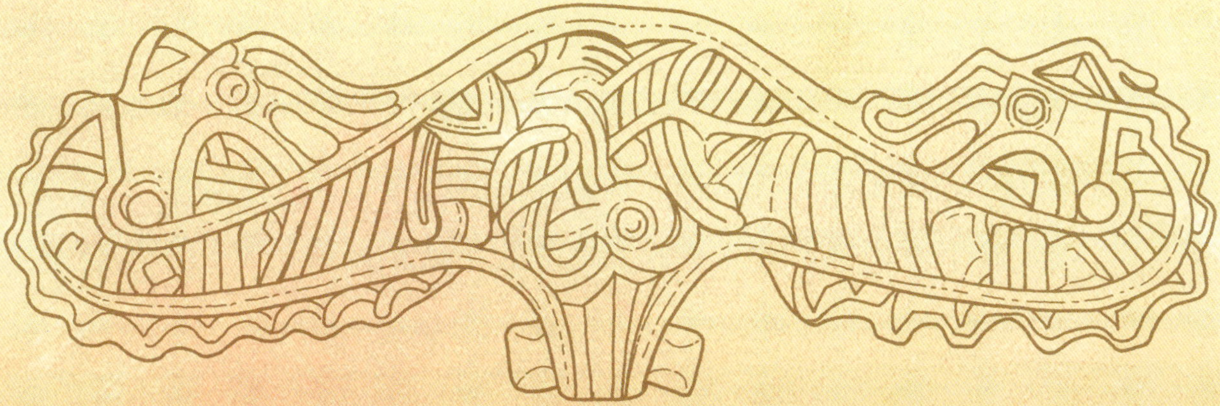

BRUN SOVS

BRAUNE SAUCE (SEELAND/DÄNEMARK)

ZUTATEN

100 g Butter
6 gehäufte EL Mehl
300 ml Milch
200 ml Sahne
Rotkohlwasser
2 EL braune Lebensmittelfarbe
Salz, Pfeffer
5 TL Zucker
2 cl Single Malt Whisky oder trockener Sherry
200 g Johannisbeergelee
etwas Bratensaft

TIPP

Anstelle der Lebensmittelfarbe kann man auch Zuckerkulör verwenden.

ZUBEREITUNG

Eine Mehlschwitze machen, dazu die Butter schmelzen und das Mehl hineinrühren. Die Milch hineinquirlen und unter ständigem Rühren bei großer Hitze aufkochen lassen. Die Sauce von der Platte nehmen und die Sahne unterrühren. Dann kurz wieder auf die Flamme stellen und erneut aufkochen lassen. Salzen und pfeffern. Das Rotkohlwasser dazugeben, die Lebensmittelfarbe ebenfalls unterrühren. Den Zucker hineingeben, mit Whisky oder Sherry abschmecken. Ganz zum Schluss das Gelee unterheben und ein wenig Bratensaft hinzugeben.

Buchweizengrütze

Zutaten

125 g geschrotete Buchweizen
1 l Milch
Salz
20 g Butter
Honig oder Zucker (ersatzweise auch Zucker-, Rüben- oder Ahornsirup)

Zubereitung

Den geschroteten Buchweizen in ein Sieb oder Leintuch geben und mit heißem Wasser abspülen. Die Milch mit einer Prise Salz aufkochen und das Schrot hineingeben. 25–30 Minuten kochen und dann mit heißer Butter, Honig oder Rübensirup anrichten.

EGGELAPPER

EIERKUCHEN (NORWEGEN)

ZUTATEN (FÜR 25 STÜCK, Ø 10 CM)

2 Eier
1 Tasse Zucker
2½ Tassen Mehl
1 TL Natron
2 Tassen Skyr oder Kefir
etwas Öl

ZUBEREITUNG

Die Eier und den Zucker schaumig schlagen. Mehl und Natron mischen, zusammen mit Skyr oder Kefir unterheben. Die Masse gut rühren, damit sich keine Mehlklumpen bilden.

a) **Das Backen in einer Pfanne**
In die Pfanne ein wenig Öl geben und den Teig mit einer Suppenkelle verteilen, so dass der Pfannenboden gut bedeckt ist. Sobald sich kleine Blasen bilden, den Eggelapper wenden und goldbraun backen.

b) **Das Backen auf einer Schieferplatte**
Den glatten Schieferstein auf einen Grill oder direkt auf ein offenes Feuer legen und je nach Dicke des Steins zwischen 10 Minuten und 20 Minuten aufwärmen lassen. Mit einem Pinsel etwas Öl auf die Oberfläche des Steins auftragen, so dass die Eggelapper später nicht kleben bleiben. Mit einer Kelle den Teig zu mehreren kleinen Fladen auf die Oberfläche des Steins geben. Sobald sich kleine Blasen bilden, die Eggelapper wenden und goldbraun backen.

TIPPS

- Den Teig 10 Minuten ziehen lassen, damit sich die Zutaten besser verbinden und die Eggelapper später luftiger sind.
- Beim Backen auf dem Schieferstein muss dieser vor jedem Wenden und vor jedem neuen Eggelapper neu eingeölt werden, da die Lapper sonst daran haften.

Gefüllte Lefser

Gefülltes Fladenbrot (Norwegen)

Zutaten

1 Tasse Sirup
3 Tassen Skyr oder Kefir
2 Tassen Honig oder Zucker
1 Tasse geschmolzene Butter
3 TL Natron
500 g Weizen- oder Dinkelmehl

Für die Creme

Butter
Honig oder Puderzucker

Zubereitung

Sirup, Kefir, Zucker, Butter und Natron in eine Schüssel geben und zu einem glatten Teig verrühren. Anschließend mit Weizen- oder Dinkelmehl nur so lange auffüllen, bis der Teig eine Knete-ähnliche Konsistenz hat. Aus diesem Teig vier runde, aber ganz dünne Fladen formen und auf ein mit Butter eingepinseltes Backblech legen. Im Backofen auf mittlerer Schiene 10 Minuten bei 200 °C backen. Nun Butter und Honig oder Puderzucker zu einer gleichmäßigen Creme verrühren. Die Lefser sofort nach dem Backen, noch im warmen Zustand, mit der Creme bestreichen und zusammenrollen.

Tipp

Die Lefser lassen sich auch in einem Stein- oder Lehmbackofen zubereiten.

HÁKARL

EINGEGRABENER HAI (ISLAND)

SICHERHEITSHINWEIS

Wir müssen ausdrücklich darauf hinweisen, dass der lange und kalte Winter Islands sicher zum Gelingen dieses Konservierungsprozesses entscheidend beiträgt. Wir können keine Garantie für das Gelingen dieses Rezepts unter den klimatischen Bedingungen des europäischen Festlands übernehmen. ZDF, Arte, Peter Allenbacher, der Zauberfeder Verlag und die Autorin übernehmen keine Haftung für gesundheitliche Schäden nach dem Genuss eines auf die hier beschriebene Weise hergestellten Fischgerichtes.

ZUTATEN

1 nierenloser Eis- oder Grönlandhai (Somniosus microcephalus)
1 Flasche Brennivín (isländischer Kartoffelschnaps)

ZUBEREITUNG

Nach traditioneller Methode den Hai in Streifen schneiden und einen Winter lang am Strand vergraben. Alternativ kann der Hai auch mit Sand 2–3 Monate in Holzkisten aufbewahrt und so entgiftet werden. Den fermentierten Fisch anschließend für 4–6 Monate im Freien zum Trocknen aufhängen. Den trockenen Fisch in kleine Würfel schneiden und in Einmachgläsern aufbewahren.

TIPPS

- Das Eingraben und Fermentieren von Lebensmitteln ist eine uralte Konservierungsmethode. Früher wurde auch der skandinavische Gravad Lachs durch Vergraben mit Salz, Pfeffer und Dill haltbar gemacht und geschmacklich veredelt. In China gibt es die Sung Hwa Dan, die Kiefernblumen-Eier oder auch Tausendjährigen Eier, die viele Wochen in Kiefernnadelasche und Limettensaft eingehüllt werden.
- Beim Verzehr von Hákarl empfiehlt es sich, isländischen Kartoffelschnaps (Brennivín) zu trinken, ansonsten könnte es zu Verdauungsbeschwerden kommen.

Mit freundlicher Genehmigung von Peter Allenbacher (ZDF/Arte Kultur und Wissenschaft).

HASTBULLAR

HASTIG GEBACKENE KÜCHLEIN (SCHWEDEN)

ZUTATEN (FÜR 25 STÜCK)

500 ml Mehl
100 ml Zucker
2 TL Backpulver
2 TL Kardamompulver
75–100 g Butter oder Sanella
2 Eier
200 ml Milch oder Buttermilch
100 ml Rosinen
2 EL kandierte Orangenschale oder Orangeat
Hagelzucker

TIPP

Man kann die Küchlein auch im Stein- oder Lehmbackofen backen.

ZUBEREITUNG

Den Ofen auf 220–250 °C vorheizen. Alle trockenen Zutaten in einer Schüssel gut vermengen. Die Butter mit den Fingern gleichmäßig unterkneten, bis alles ordentlich vermischt ist. 1 Ei und die Milch dazugeben und zu einem Teig verrühren. Nicht zu lange rühren, da der Teig sonst zu fest wird. Die Rosinen und die kandierten Orangenschalen unterrühren. Mit einem Esslöffel Teig in Papierformen oder einfach in großen Abständen auf ein Blech geben. Die Papierförmchen auf ein Backblech mit Backpapier stellen. Die Küchlein mit geschlagenem Ei bestreichen und mit dem Hagelzucker bestreuen. 10 Minuten auf mittlerer Ofenschiene backen.

HAVREGRYNSKJEKS

HAFERKEKSE

ZUTATEN

180 g zimmerwarme Butter
200 g Zucker
100 g Puderzucker
2 Eier
250 g Weizenmehl
1 TL Backpulver
250 g Haferflocken
180 g Rosinen

ZUBEREITUNG

Butter, Zucker und Puderzucker schaumig rühren. Die Eier eines nach dem anderen zugeben. Weizenmehl und Backpulver darauf sieben, Flocken und Rosinen dazugeben und gut verrühren. Kleine Kugeln von 3 cm Durchmesser formen und im vorgeheizten Ofen bei 200 °C 10–12 Minuten backen. Die Kekse sollten etwas Farbe bekommen.

TIPPS

- Haferkekse können auf Vorrat gebacken werden. In einer gut verschließbaren Dose halten sie sich wochenlang.
- Backpulver immer mit dem Mehl vermischen und dann über die weiteren Zutaten sieben. So verteilt es sich besser in der Masse.
- Mit frisch gequetschten Haferflocken schmecken die Kekse noch besser.
- Wer die Rosinen nicht mag, kann sie weglassen oder durch fein gewürfeltes Trockenobst, beispielsweise Aprikosen, oder auch grobe Schokoladenstücke ersetzen.
- Man kann die Kekse auch mit Orangenaroma verfeinern und dann immer 2 Kekse mit Schokolade zusammenkleben.

Mit freundlicher Genehmigung von Peter Allenbacher (ZDF/Arte Kultur und Wissenschaft).

Honig-Senf-Marinade für Trockenfleisch

Zutaten (Sauce für 1 Roulade)

1 EL Honig

1 TL mittelscharfer oder Dijon Senf

1 TL Salz

1 Prise Pfeffer

2–3 EL Sojasauce

2–3 EL Wasser

½ TL Zitronensaft

Zubereitung

Die Zutaten mischen und in eine luftdicht verschließbare Dose geben. Das Rouladenfleisch der Länge nach in 2–3 cm breite Streifen schneiden und zur Marinade in die Dose geben. Das Ganze gut verschließen und 24 Stunden im Kühlschrank durchziehen lassen. Das Fleisch aus der Marinade nehmen und mit Küchenkrepp gut trocken tupfen. Anschließend wie das Trockenfleisch zubereiten (siehe Seite 95).

IMELLETTY PERUNALAATIKKO

GEBACKENES KARTOFFELPÜREE (FINNLAND)

ZUTATEN (FÜR 4 PERSONEN)

1 kg mehlig kochende Kartoffeln
2 TL Salz
400 ml Milch
100 g Butter
3 EL Mehl
3 EL Zucker

ZUBEREITUNG

Die Kartoffeln schälen, in grobe Stücke schneiden und in leicht gesalzenem Wasser weichkochen. Abgießen, dabei 500 ml des Kartoffelkochwassers auffangen. Die Kartoffeln mit einem Kartoffelstampfer im Kartoffelkochwasser und der Milch zerstampfen, die Butter darauf schmelzen lassen und Salz, Weizenmehl und Zucker einrühren. Die Kartoffelmasse in eine große, tiefe Auflaufform geben. Die Form sollte nur zur Hälfte gefüllt sein, denn das Püree gewinnt an Volumen, wenn es gebacken wird. Butterflöckchen darauf setzen. Das Püree 2 Stunden bei 150 °C (Umluft 130 °C) im vorgeheizten Backofen backen. Vor dem Servieren 10 Minuten stehen lassen, damit es sich etwas setzt.

TIPP

Eine Beilage, die zu Kurzgebratenem hervorragend passt und darüber hinaus den Vorteil hat, dass die arbeitsaufwändigen Zubereitungsschritte schon abgeschlossen sind, wenn mit dem Fleisch begonnen wird.

Mit freundlicher Genehmigung von Peter Allenbacher (ZDF/Arte Kultur und Wissenschaft).

INGWERBROT ZU JUL

ZUTATEN

5 TL Butter
½ Tasse heißes Wasser
1 Tasse dunkler Sirup (Rübensirup oder Malzsirup) oder Melasse
2 Tassen Mehl
½ TL Salz
1½ TL geriebenen Ingwer
1 TL Backpulver
6–8 daumengroße Stückchen kandierter Ingwer, fein gewürfelt

ZUBEREITUNG

Den Ofen auf 190 °C vorheizen. Die Butter im heißen Wasser schmelzen lassen und mit dem Sirup oder der Melasse vermischen. Mehl, Salz, Ingwer und Backpulver zur Masse geben und gut vermengen. Eine Backform gut fetten, den Teig hineingeben und mit den kandierten Ingwerstückchen bestreuen. Bei 190 °C sollte das Ingwerbrot 25–30 Minuten backen.

JUL-GEWÜRZBRÜHE

ZUTATEN

4 TL Zimt
2 TL Muskatnuss
2 TL Zitronenschale
2 TL Nelken
1 TL Lorbeer
2 TL Kamille
1 l schwarzer Tee

ZUBEREITUNG

Alle Zutaten in einen Topf geben und kurz aufkochen lassen. Den Topf vom Feuer nehmen, kurz ziehen lassen und noch heiß servieren.

JULKEKSE

(SCHWEDEN)

ZUTATEN (FÜR 100 STÜCK)

250 g Butter
120 g Zucker
1 Ei
400 g Mehl
1 TL Backpulver
½ TL Salz
1 Eiweiß
¼ Tasse Hagelzucker
gemahlener Zimt

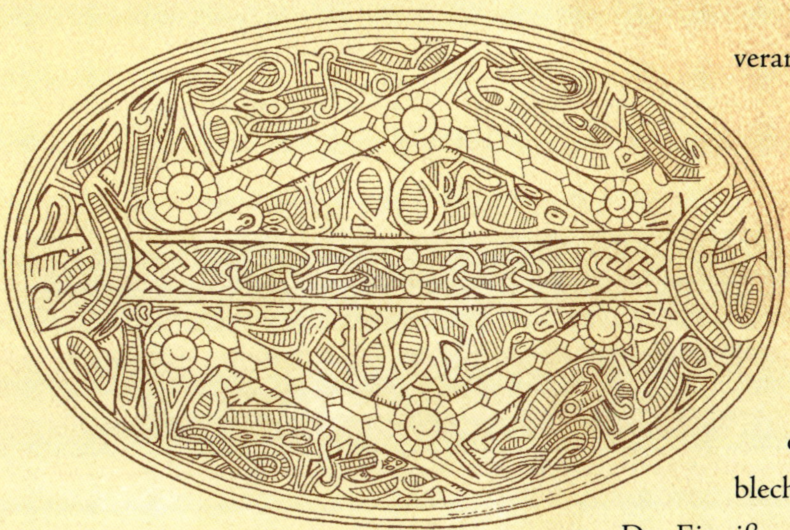

ZUBEREITUNG

Die Butter mit dem Zucker und dem Ei schaumig rühren. Das Mehl mit dem Backpulver sieben und mit dem Salz nach und nach unter die Buttermasse kneten. Den Teig zu einer Kugel formen und eingewickelt 3 Stunden im Kühlschrank ruhen lassen. Den Backofen auf 200 °C vorheizen. Den Teig in drei Teile schneiden. Die Teigportionen nacheinander verarbeiten. Nur die jeweils benötigte Portion aus dem Kühlschrank holen und auf einer bemehlten Fläche ausrollen. Runde Plätzchen von 6 cm Durchmesser ausstechen und auf ein Backblech mit Backpapier legen. Das Eiweiß verquirlen, die Plätzchen damit bestreichen, mit Zucker und Zimt bestreuen und auf der mittleren Schiene 8–10 Minuten backen.

TIPP

Auf das Blech fallenden Zimt und Zucker am besten vor dem Backen mit einem Pinsel entfernen, da die Plätzchen sonst einen verbrannten Geschmack annehmen.

KARTOFFLER

KARAMELLISIERTE KARTOFFELN (SEELAND/DÄNEMARK)

ZUTATEN

1,5 kg fest kochende, junge, kleine Kartoffeln
10 EL Zucker

ZUBEREITUNG

Die Kartoffeln vorkochen und 1 Nacht stehen lassen. Den Zucker in die erhitzte Pfanne schütten und warten, bis er flüssig und braun wird. Die Kartoffeln hineingeben und karamellisieren lassen.

TIPP

Statt mit den karamellisierten Kartoffeln kann man den Flæskesteg (siehe Seite 81) auch mit Petersilienkartoffeln oder Majorankartoffeln servieren.

Mit freundlicher Genehmigung von Linde Dehner (ZDF/Arte Kultur und Wissenschaft).

KNÄCK

SIRUPPRALINEN (SCHWEDEN)

ZUTATEN

200 ml Sahne
200 ml heller Sirup
250 g Zucker
50 g gehackte Mandeln
Pralinenförmchen

ZUBEREITUNG

Pralinenförmchen auf einem Tablett oder Brett aufreihen. Sahne, Sirup und Zucker unter Rühren aufkochen, kräftig sprudelnd kochen lassen (in einem kleinen Topf 30 Minuten, in einem großen Topf 12–15 Minuten), bis die Masse die „Karamellprobe" besteht. Dazu einen kleinen Klecks der heißen Masse in eiskaltes Wasser geben. Wenn es gut zusammenhält, hat die Masse lange genug gekocht. Geschälte und gehackte Mandeln unterrühren. Eventuell zerstoßenen Zwieback und/oder Backpulver zufügen. Die zähflüssige Masse mit zwei Löffeln in die Förmchen füllen, erkalten lassen.

TIPPS

- Die Pralinen in einer Dose mit gut verschließbarem Deckel aufbewahren, zwischen die einzelnen Lagen Butterbrotpapier legen.
- Mit 4 Esslöffeln Zwieback kann man die Masse strecken und ergiebiger machen.
- Mit einer Prise Backpulver kann man die Masse etwas poröser machen. So werden die Pralinen nicht zu hart.

Mit freundlicher Genehmigung von Linde Dehner (ZDF/Arte Kultur und Wissenschaft).

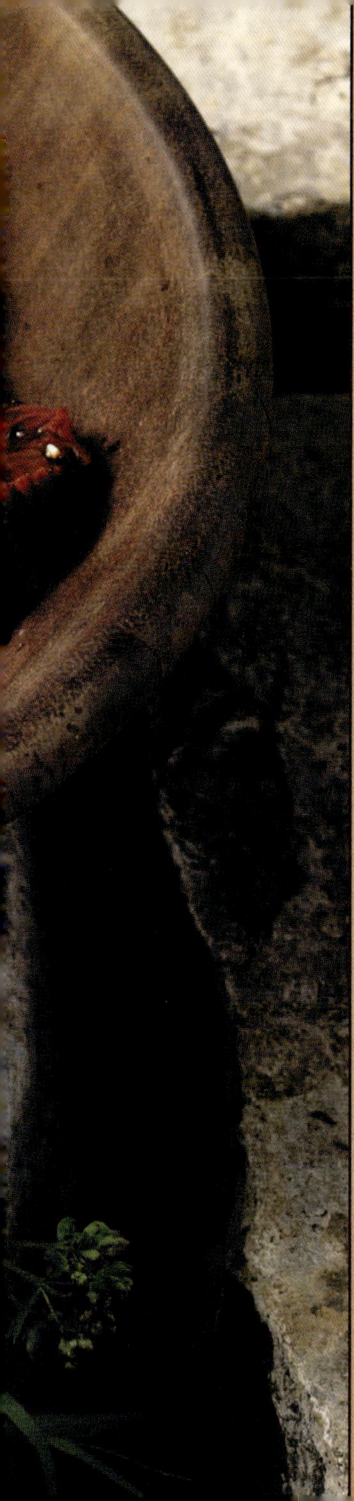

KNOBLAUCH-MARINADE FÜR TROCKENFLEISCH

ZUTATEN (SAUCE FÜR 1 ROULADE)

1 TL Pfeffer
1 TL Salz
1 TL Knoblauch, getrocknet
2–3 EL Teriyaki-Sauce
2–3 EL Wasser

ZUBEREITUNG

Die Zutaten mischen und in eine luftdicht verschließbare Dose geben. Das Rouladenfleisch der Länge nach in 2–3 cm breite Streifen schneiden und zur Marinade in die Dose geben. Das Ganze gut verschließen und 24 Stunden im Kühlschrank durchziehen lassen. Das Fleisch aus der Marinade nehmen und mit Küchenkrepp gut trocken tupfen. Anschließend wie das Trockenfleisch zubereiten (siehe Seite 95).

KOTIKALJA

Hausgebrautes Bier (Finnland)

Zutaten (für 5 l Bier von 0,5–1 % Alkohol)

5 l Wasser
200 g Malz/Malzschrot
200 g Honig oder Zucker
1 leicht gehäufter TL Frischhefe oder ½ TL Trockenhefe

Tipps

- Beim Aufkochen des Wassers einige Wacholderbeeren dazugeben. Wacholderbeeren oder -zweige werden auch in Skandinavien zum Bierbrauen verwendet.
- Selbstgebrautes Bier ist seit alter Zeit eine Selbstverständlichkeit in den skandinavischen Ländern und so auch in Finnland. Spötter sehen hier sicherlich ein weiteres Indiz für die Trinkfreudigkeit und -festigkeit, die den Menschen im Norden Europas so gerne nachgesagt wird. Diese hausgebrauten Biere hatten jedoch auch früher schon einen relativ geringen Alkoholgehalt. Da verwundert es kaum, wenn die Wikinger regelrecht Trinkgelage veranstalten mussten, um überhaupt die Wirkung des Alkohols zu spüren.

Zubereitung

Das Wasser aufkochen, währenddessen Malz und Zucker in ein hitzeresistentes, abdeckbares Gefäß, am besten aus Glas, Keramik oder Metall, geben. Das kochende Wasser über Malz und Zucker schütten und abkühlen lassen, bis es handwarm ist. Ideal sind 30 °C. Die Hefe einrühren. Die Flüssigkeit in einem warmen Raum 12 Stunden stehen lassen, bis die Hefe den Zucker zu Alkohol vergoren hat. Jeder Gärprozess verläuft temperaturabhängig. Im Winter sollte dieses Bier daher etwas länger stehen gelassen werden, im heißen Hochsommer kann es schon etwas früher durch ein Sieb abgegossen werden, in dem die Getreidekörner zurückbleiben. Das Bier gut durchkühlen, bevor es serviert wird.

Mit freundlicher Genehmigung von Peter Allenbacher (ZDF/Arte Kultur und Wissenschaft).

Lahtuan Haukikeitto

Hechtsuppe (Finnland)

Zutaten (für 4 Personen)

2–3 mittelgroße Zwiebeln
100 g Butter
½–1 Steck- oder Kohlrübe (oder 4–5 mittelgroße, festkochende Kartoffeln)
500 ml Wasser
500 ml Fischfond
2 TL Salz
15 Pimentkörner
500 g Hechtfilet
500 ml Milch
1 Bund Dill

Zubereitung

Die Zwiebeln abziehen, fein hacken und in der Butter in einem großen Topf auf kleiner Hitze glasig schwitzen. In der Zwischenzeit die Steckrübe schälen und in Würfel von 1 cm Kantenlänge schneiden. Wasser und Fischfond in einem zweiten Topf erhitzen. Wenn die Zwiebeln glasig sind, die Flüssigkeit, Salz, Piment und Steckrübe dazugeben. Kurz bevor die Steckrübe gar ist, die Hechtfilets in größere Stücke schneiden und in die Suppe hineinlegen. Die Milch aufkochen und ebenfalls dazugeben. Jetzt die Suppe auf kleinster Flamme ganz leicht 5–10 Minuten sieden lassen. Ein Stück Fisch herausholen, um festzustellen, ob er gar ist. Den Dill waschen, trocken tupfen und fein hacken. Dazugeben. Die Fischsuppe mit Salz und Piment abschmecken und sofort servieren.

Tipps

- Nachdem man Fischstücke und Meeresfrüchte an eine Suppe gegeben hat, sollte man diese nur noch leicht sieden lassen. So bleiben diese delikaten Lebensmittel zart und saftig und zerfallen nicht.
- Das Besondere an dieser Fischsuppe ist die Verwendung von Milch – charakteristisch für die Küche in der Region der südfinnischen Seenplatte. Finnische Fischsuppen sind ansonsten klar.

Mit freundlicher Genehmigung von Peter Allenbacher (ZDF/Arte Kultur und Wissenschaft).

Met II

Zutaten (Zutaten für 10 Liter)

3 kg Bienenhonig
7 l handwarmes Wasser
ein geriebener Apfel oder 10 g Mehl
1 l Apfelsaft (oder Traubensaft)
Reinzuchthefe
4–5 Tabletten Hefenährsalz
ein Gärballon mit Gärverschluss
Kaffeefilter
Trichter
Flaschen

Tipps

- Es können auch Gewürze wie Nelken, Ingwer oder Zimt zugegeben werden, um dem Met eine eigene Note zu verleihen.
- Reinzuchthefesorten, die sich besonders zum Met gären eignen, sind Portwein, Samos, Tokai, Malaga und Sherry. All diese Sorten sind im Fachhandel erhältlich.
- Den Met dunkel und kühl lagern.

Zubereitung

Den Honig in einen möglichst großen Topf geben und mit dem Wasser auffüllen. Das Wasser darf nicht heiß sein. Nun so lange umrühren, bis der Honig vollständig aufgelöst ist. Den geriebenen Apfel oder das Mehl hinzugeben und noch einmal kräftig umrühren. Diese Mischung jetzt in den Gärballon füllen und den Apfelsaft zugeben. Mit Wasser auf 10 l auffüllen. Die Mischung darf nicht wärmer als 25 °C sein, da bei höheren Temperaturen die Hefekulturen absterben. Dann die Hefekultur, bestehend aus der Reinzuchthefe und den Hefenährsalztabletten, hinzugeben und vorsichtig umrühren. Den Gärballon mit einem Gärverschluss verschließen und an einem gleichmäßig temperierten Ort aufstellen. Nach ein paar Tagen setzt die Gärung ein, nach 4–6 Wochen ist sie abgeschlossen. Der Met kann nun in Flaschen abgefüllt werden. Hierzu einen Kaffeefilter in einen passend großen Trichter einlegen und den Met beim Abfüllen filtern. Achtung: Der Met darf keinesfalls mehr gären, wenn er in die Flaschen abgefüllt wird, andernfalls können diese aufgrund des entstehenden Drucks explodieren.

MORMOR LARSSONS PEPPARKAKOR

GROSSMUTTER LARSSONS PFEFFERKUCHEN (SCHWEDEN)

ZUTATEN (FÜR 4 PERSONEN)

250–300 g Zucker
300 ml heller Sirup
200 g Margarine
2 Eier
800 g Weizenmehl
2 TL Ingwerpulver
2 TL gemahlene Nelken
2 TL Zimt
2 TL gemahlene Pomeranzenschale
1 EL Natron

TIPP

Mit dunklem Sirup werden die Pfefferkuchen zwar noch etwas besser, aber die Farbe ist nicht mehr so schön goldbraun.

ZUBEREITUNG

Zucker und Sirup mischen, kleine Stückchen Margarine dazugeben, dann mit den Eiern schaumig rühren. 600–700 g Mehl und restliche Zutaten zufügen und kneten. Der Teig sollte eine Konsistenz wie fester Honig haben. Über Nacht kühl stellen, damit der Teig fester wird. Dann den Teig sehr dünn ausrollen, mit Förmchen ausstechen und auf Backpapier legen. Im vorgeheizten Ofen bei 225 °C ca. 3–4 Minuten backen. Pfefferkuchen auf einem Backrost abkühlen lassen. Die Plätzchen können nach Belieben mit einem Zuckerguss aus 2 Tassen Puderzucker, 1 Ei und 1 Teelöffel Essig garniert werden. Sie sind in einem luftdichten Behälter 2–3 Wochen haltbar.

Mit freundlicher Genehmigung von Linde Dehner (ZDF/Arte Kultur und Wissenschaft).

METSÄN MARJAT JOGURTTIKASTIKKEELLA

WALDBEEREN MIT JOGHURTSAUCE (FINNLAND)

ZUTATEN (FÜR 4 PERSONEN)

300 g Brombeeren
300 g Himbeeren
300 g Moltebeeren
400 ml Naturjoghurt
100 g brauner Zucker oder Honig
100 g Zucker
2 TL Vanillezucker

ZUBEREITUNG

Die Beeren vorsichtig in einer großen Schüssel mischen oder gleichmäßig auf Portionstellern verteilen. Gut kühlen. Die Zutaten für die Sauce verrühren und ebenfalls kühl stellen. Die Sauce kurz vor dem Servieren über die Beeren geben.

TIPPS

- Echten Vanillezucker kann man leicht selbst herstellen. Dazu bewahrt man 1 Vanilleschote mindestens 14 Tage in einem verschlossenen Glas mit Kristallzucker auf. Der Zucker nimmt dabei die Aromastoffe der Vanilleschote an, die vor allem in der Schale sitzen. Die Vanilleschote kann danach noch für andere Gerichte verwendet oder einfach weiterhin im Vanillezucker stecken gelassen werden.
- Dieses einfache Dessert, in dem die Grundaromen der Zutaten unverfälscht zur Geltung kommen, kann mit jeder Mischung aus Beerenfrüchten zubereitet werden. Auch die Gesamtmenge der Beeren lässt sich ganz nach Appetit variieren. Drei verschiedene Sorten sollten es aber schon sein.

Mit freundlicher Genehmigung von Peter Allenbacher (ZDF/Arte Kultur und Wissenschaft).

PEPPERKAKOR

Pfefferkuchen (Schweden)

Zutaten

200 g Zucker
50 ml Rübensirup
100 ml Wasser
200 g Margarine oder Butter
1 EL gemahlene Pomeranzenschale
(oder 1 abgeriebene Zitronenschale)
1–2 EL Zimt
½ EL Ingwerpulver
½ EL Nelkenpulver
2 TL Kardamom
2 TL Pottasche
600 g Weizenmehl

Tipp

Runde Plätzchen können mit abgezogenen, halbierten Mandeln verziert werden.

Zubereitung

Zucker, Sirup und Wasser in einem Topf aufkochen. Das Fett und die Gewürze in eine Schüssel geben und das heiße Zuckerwasser darüber gießen. Umrühren, bis das Fett geschmolzen ist. Die Masse abkühlen lassen. Die Pottasche mit fast der ganzen Mehlmenge mischen und mit den Zutaten in der Schüssel zu einem geschmeidigen Teig kneten. Den Teig bis zum nächsten Tag im Kühlschrank ruhen lassen. Kleine Teigstücke nacheinander dünn ausrollen, dabei nicht zu sehr drücken. Pfefferkuchen mit verschiedenen Formen ausstechen (z.B. Schweinchenform als symbolischer Jul-Eber). Die Pfefferkuchen auf kalte, gefettete oder mit Backpapier ausgelegte Bleche legen. Auf mittlerer Schiene im Ofen bei 200–225 °C 5–8 Minuten backen. Vorsicht, die Pfefferkuchen können leicht verbrennen!

PEPPERNØTTER

PFEFFERNÜSSE (NORWEGEN)

ZUTATEN

250 g Margarine
300 ml Honig oder 475 g Zucker
100 ml Honig oder Zuckersirup
100 ml Sahne
2 TL Zimt
2 TL Ingwer
2 TL gemahlene Nelken
1½ TL Pfeffer
1 l Weizenmehl

ZUBEREITUNG

Die Margarine mit dem Zucker weißschaumig rühren. Sirup und Sahne zugeben. Die Gewürze mit dem Mehl vermischen, zusammen mit den restlichen Zutaten zugeben und gut verkneten. Den Teig eine Weile kalt stellen. Eine lange Wurst formen und in kleine Stücke schneiden. Aus diesen Stücken Kugeln formen und auf ein mit Backblech ausgelegtes Blech setzen. 10–15 Minuten bei 180 °C braun backen.

PFEFFERKUCHEN

(NORWEGEN)

ZUTATEN

250 g Butter
125 g Honig oder heller Sirup
100 ml süße Sahne
250 g Puderzucker
400 g Weizenmehl
2 TL Natron
2 TL gemahlene Nelken
1 TL Zimt
100 g fein gehackte Mandeln

ZUBEREITUNG

Butter, Sirup, Sahne und Puderzucker mischen und aufkochen, abkühlen lassen und die restlichen Zutaten hineinrühren. Den Teig gut kneten und 3 cm dicke Rollen formen. Bis zum nächsten Tag kalt stellen. In dünne Scheiben schneiden und 10 Minuten bei 175 °C backen.

POLKAGRISER

ROT-WEISSE PFEFFERMINZKISSEN (SCHWEDEN)

ZUTATEN

400 ml Wasser
1 kg Zucker
1 TL Essigsäure (44 % mit 2 TL Wasser verdünnt)
oder 2 TL 24 %ige Essigsäure
25 Tropfen reines Pfefferminzöl
rote Karamellfarbe
Öl zum Einfetten

ZUBEREITUNG

Wasser und Zucker in einem großen Kochtopf mischen, schmelzen lassen und vom Boden aufrühren, damit der Zucker nicht anbrennt. Dann das Zuckerwasser 10 Minuten sprudelnd kochen lassen, die Essigsäure dazugeben und 20–30 Minuten ohne Deckel kräftig kochen lassen, die „Karamellprobe“ machen (siehe Siruppralinen: etwas von der Masse in eiskaltes Wasser geben; kann man die Probe brechen, ist die Mischung fertig gekocht. Achtung: die Temperatur beträgt jetzt 150 °C). Regelmäßig Schaum abschöpfen, dazu wieder einen frischen Löffel nehmen. Am besten ein Thermometer benutzen, um die Temperatur zu kontrollieren. Kocht die Mischung zu kurz, können die Zuckerstangen klebrig und zäh werden, kocht sie zu lange, können die Stangen spröde werden und schnell brechen. Während die Mischung kocht, die Arbeitsplatte einölen (die Arbeitsplatte muss aus hitzebeständigem Material sein, z. B. Marmor, da die Zuckermasse sehr heiß wird). Zwei Messer, für jede Person eine Schere, Pfefferminzöl und Karamellfarbe bereitstellen. Die fertig gekochte Zuckerlösung in eine saubere, eingeölte Fettpfanne geben und etwas abkühlen lassen. Ein Viertel der Masse im Topf lassen. Dieser Rest wird mit Karamellfarbe eingefärbt und ergibt die Streifen in den Polkaschweinchen. Den Topf mit der noch flüssigen Mischung hin und her bewegen, damit sich die Farbe gleichmäßig verteilt. Dann den Topf schief stellen, damit sich die kleine Menge an einer Stelle sammelt und sich nicht über den gesamten Boden des Topfes verteilt. Die Mischung in der Fettpfanne ist zunächst dünnflüssig und durchsichtig, dann hellgelb. Je kälter sie wird, desto mehr nimmt sie die Farbe von Bernstein an und wird zäh. In diese abgekühlte Masse das Pfefferminzöl tropfen lassen. Mit zwei geölten Messern die Kanten der Mischung zur Mitte hin hochklappen. Dann die Masse weiter mit den Händen bearbeiten. Achtung: Sie ist immer noch sehr heiß. Jetzt kommt es darauf an, die Masse so oft immer wieder zu ziehen, bis sie ganz weiß geworden ist. Hier muss sehr schnell gearbeitet werden. Je mehr Luft in die Mischung kommt, desto weißer und seidiger sieht sie aus. Die Masse wird so zäh, dass zu zweit gearbeitet werden muss. Vier Stränge formen und an die wärmste Stelle der Marmorplatte legen. Die restliche rote Masse in je einem dünnen Streifen auf den weißen Strängen verteilen. Die Stränge jeweils ausziehen und dabei etwas drehen, damit sich die rote Farbe um die weiße Stange ringelt. Wenn die Stangen 1 cm Durchmesser haben, schnell mit der Schere 1 cm lange Stücke abschneiden. In eine Dose mit Puderzucker legen und schütteln, so dass die Zuckerstücke rundherum bedeckt sind. Im Kühlschrank aufbewahren.

Tipps

- ‚Polkagriser' bedeutet übersetzt Polkaschweinchen.
- Um die sehr heiße Masse zu bearbeiten, ist eine Granit- oder Marmorplatte optimal. Es geht auch mit einer normalen Arbeitsplatte, aber da besteht die Gefahr, dass das Material sich wellt.
- Alles muss sehr schnell gehen, deshalb ist es gut, wenn viele Leute bei der Zubereitung von Polkaschweinchen helfen, besonders am Schluss, wenn die Stränge in kleine Stücke geschnitten werden.
- Immer sehr sauberes Geschirr und Besteck verwenden (öfter mal wechseln), sonst zuckert die Masse aus und lässt sich nicht ziehen.

Mit freundlicher Genehmigung von Linde Dehner (ZDF/Arte Kultur und Wissenschaft).

POTETKAKER

KARTOFFELFLADEN (NORWEGEN)

ZUTATEN

1,5 kg mehlig kochende Kartoffeln
Salz
150 g Weizenmehl

TIPPS

- Wie italienische Gnocchi di patate, die auch mehlig kochende Kartoffeln verlangen, sind Potetkaker ein schönes Herbst- und Wintergericht. Zu der Zeit gibt es entsprechende Sorten frisch beim Gemüsehändler.
- Werden die Pellkartoffeln in der trockenen Hitze eines Diable gegart, so wird weniger Mehl benötigt, und die Fladen schmecken intensiver.
- Die Kartoffelmasse nie lange stehen lassen. Sie nimmt Feuchtigkeit aus der Luft auf und die Fladen fallen dann beim Backen schnell auseinander.

ZUBEREITUNG

Die Kartoffeln in kaltem Salzwasser aufsetzen und zum Kochen bringen. Abgießen und noch einige Minuten im heißen Topf abdampfen lassen. Anschließend die Kartoffeln durch eine Kartoffelpresse drücken oder per Hand grob durchstampfen. Unter die noch warmen Stampfkartoffeln nach und nach Mehl rühren, bis das Ganze gerade nicht mehr klebt. Je feuchter die Stampfkartoffeln sind, desto mehr Mehl ist vonnöten. Sofort eine kompakte Rolle aus dem Teig formen, eine sehr dicke Scheibe abschneiden und diese zu einem Fladen von 1 cm Dicke ausrollen. Diesen Fladen in einer ungefetteten Crêpes-Pfanne auf beiden Seiten 3–4 Minuten backen. Der Fladen kann kalt mit salziger Butter und Zucker oder Marmelade oder warm mit geräuchertem Schinken, Räucher- oder Gravlachs, Salami und anderen pikanten Beilagen gegessen werden.

Mit freundlicher Genehmigung von Peter Allenbacher (ZDF/Arte Kultur und Wissenschaft).

PREISELBEER-CHILI-MARINADE FÜR TROCKENFLEISCH

ZUTATEN (SAUCE FÜR 1 ROULADE)

6–8 EL Preiselbeeren aus dem Glas
6–8 EL Sojasauce
6–8 EL Wasser
1 Prise Pfeffer
1 TL Salz
½ TL Cayennepfeffer oder Chilipulver

ZUBEREITUNG

Die Zutaten mischen und in eine luftdicht verschließbare Dose geben. Das Rouladenfleisch der Länge nach in 2–3 cm breite Streifen schneiden und zur Marinade in die Dose geben. Das Ganze gut verschließen und 24 Stunden im Kühlschrank durchziehen lassen. Das Fleisch aus der Marinade nehmen und mit Küchenkrepp gut trocken tupfen. Anschließend wie das Trockenfleisch zubereiten (siehe Seite 95).

ROTE GRÜTZE MIT SAHNE

(SEELAND/DÄNEMARK)

ZUBEREITUNG

Die Beeren waschen, putzen und eventuell klein schneiden. Alle Beeren mit etwas Wasser 10 Minuten aufkochen lassen. Den Gelierzucker in 200 ml Wasser einrühren und hinzugeben. Den Beerensirup ebenfalls hinzufügen und noch einmal 1 Minute aufkochen. Mit dem Vanillezucker abschmecken. Dann abkühlen lassen, umfüllen und kühl stellen. Mit flüssiger Sahne servieren.

ZUTATEN

250 g Erdbeeren
250 g Blaubeeren
250 g Himbeeren
250 g Johannisbeeren
100 g Gelierzucker
750 ml Beerensirup
Vanillezucker
Sahne

TIPPS

- Sowohl frische als auch tiefgekühlte Beeren eignen sich für die rote Grütze.
- Statt mit Sahne kann man rote Grütze auch zu Eis oder mit Vanillesauce servieren.

Mit freundlicher Genehmigung von Linde Dehner (ZDF/Arte Kultur und Wissenschaft).

Stellan Larssons Sauce zum Tjälknöl

Frostknolle (Schweden)

Zutaten

300 ml Crème fraîche
½ EL helle Sojasauce
2 EL trockener Sherry
2 EL Chilisauce
1–2 gehackte Knoblauchzehen
¼ EL Dijonsenf
1 TL getrockneter Estragon
frisch gemahlener schwarzer Pfeffer
Salz

Zubereitung

Alle Zutaten gut verrühren, bis kurz unterhalb des Siedepunktes erhitzen, nicht kochen! Je nach Geschmack mit einer Prise Salz abwürzen.

Mit freundlicher Genehmigung von Linde Dehner (ZDF/Arte Kultur und Wissenschaft).

Kulinarische Kulturgeschichte

Es ist nicht leicht zu ermitteln, ob und wann die Wikinger das eine oder andere Lebensmittel wirklich verwendeten. Da von ihnen kaum schriftliche Zeugnisse überliefert sind und es auch kaum archäologische Funde gibt, die Aufschluss über ihre Essgewohnheiten geben, muss vieles leider Spekulation bleiben. Allerdings dürfte es in Bezug auf Lebensmittel und ihre Nutzung viele Überschneidungen mit Nachbarvölkern gegeben haben. Ich greife daher, wenn ich auf den folgenden Seiten die kulturgeschichtlichen Hintergründe der verschiedenen Zutaten und ihrer Verwendung beschreibe, in erster Linie auf zeitgenössische oder antike Quellen aus benachbarten Regionen zurück. Denn auch unabhängig von den Wikingern bieten die historischen Hintergründe dieser Nahrungsmittel eine appetitanregende Lektüre.

Bei meinen Recherchen war mir insbesondere ein Werk sehr zunutze, das Capitulare de villis vel curtis imperii Caroli Magni *des karolingischen Kaisers Karl der Große, aus dem 9. Jahrhunderts. Es ist eine Sammlung von verwaltungstechnischen, zivilrechtlichen und vor allem landwirtschaftlichen Regeln, welche ihre Gültigkeit im gesamten neugeschaffenen Karolingerreich fanden. Eine Vorschrift zum Anbau bestimmter Gewürz- und Heilpflanzen in den Gärten des Kaisers findet man am Ende des Werkes. Dass die Nutzpflanzen und das Wissen über diese sich überregional verbreiteten und die landwirtschaftlichen Methoden vereinheitlicht wurden, ist unter anderem dem* Capitulare de villis *zuzuschreiben. Den Charakter eines Regelwerkes behielt die Liste* Karls *des Großen das ganze Mittelalter hindurch bis in die Neuzeit. Soweit es die klimatischen Bedingungen erlaubten, wurden die „Karlspflanzen" in allen Klostergärten kultiviert.*

Weitere Quellen waren verschiedenste Bücher über Pflanzen, Tiere und Lebensmittelgruppen. Das eine oder andere historisch überlieferte Kochbuch habe ich für Informationen ebenso verwendet wie große Schriften von großen Männern wie Julius Cäsar, Plinius dem Älteren oder Cato. Wissenschaftliche Fachberichte und Aufzeichnungen habe ich ebenfalls herangezogen, um mir einen Überblick zu verschaffen.

Ackerbohnen

➥ Dicke Bohnen.

Angelika (Engelwurz)

Die Engelwurz ist in den nördlichen Zonen beheimatet und daher den antiken Autoren des Mittelmeerraumes unbekannt. Aus Skandinavien, Island und Grönland stammen die ältesten schriftlichen Zeugnisse der Engelwurz unter dem Namen „Kvan". Schon im 10. Jahrhundert war die Engelwurz auf skandinavischen Märkten erhältlich und wurde von hier durch die Wikinger bis nach Mitteleuropa verbreitet und eingeführt.

Äpfel

Die genaue Herkunft des Apfels lässt sich heute nicht mehr genau nachvollziehen. Sein Ursprung befindet sich möglicherweise in Asien, und vermutlich hat sich der Apfel über Handelswege sehr früh verbreitet, es ist aber unbekannt wie und vor allem wann er nach Mitteleuropa kam. Der Apfel gilt seit früher Zeit als Heilmittel bei Magen-Darm-Beschwerden und auch bis heute noch als lebensverlängernd. Schon die Kelten und Germanen haben aller Wahrscheinlichkeit nach die kleinen und harten einheimischen Apfelfrüchte zu Mus verkocht und Most daraus hergestellt. Hierzu hat man den Apfelsaft zusammen mit Honig vergoren.

Basilikum

Die Kriege Alexanders des Großen brachten den Basilikum, welcher bereits seit dem Altertum in Vorderindien und Ägypten kultiviert wird, nach Griechenland. So eröffnete sich für die Wikinger zumindest die Möglichkeit, Basilikum zu erhandeln, ob sie diese Gelegenheit wahrgenommen haben, ist aber unklar.

Birnen

Ende des 8. Jahrhunderts berichtet schon Homer von den Birnen als alter Kulturbegleiter. Die Birne ist sehr widerstandsfähig und variabel. Dadurch wurden rasch sehr viele Sorten herangezüchtet. Antike Autoren beschrieben die verschiedenen Sorten: Theophrast (ca. 372–287 v. Chr.) erwähnt drei Sorten. Cato der Ältere (234–149 v. Chr.) schreibt von fünf bis sechs Sorten, und Plinius der Ältere (23–79) berichtet gar von 38 Birnensorten.

Blaubeeren

➥ Heidelbeeren.

Blutwurst

Die älteste bekannte Wurstsorte und eines der ältesten bekannten Fleischerzeugnissen ist die Blutwurst. Mit verschiedenen Gewürzen, ihrer Nahrhaftigkeit und dem kräftigen Geschmack zählt sie auch zu den beliebtesten Würsten. Sie ist einfach zuzubereiten, und bereits Krieger der Antike stellten die Blutwurst auf ihren Feldzügen her.

Brennnesseln

Das „rote Feuer", wie man Brennnesseln auch nennt, findet man fast überall auf der Welt. Brennnesseln sind extrem robust und hinsichtlich Boden und Klima nicht besonders anspruchsvoll. Viele verschiedene Ansichten und ethnobotanische Traditionen ranken sich um die Brennnessel, welche eine sehr lange Geschichte als Heilpflanze hat. Teilweise entspringen diese Ansichten und Traditionen den verschiedenen Geschichten des Aber- und Wunderglaubens.

Brombeeren

Als blutstillend, harntreibend und schleimlösend beschreiben viele Autoren die Heilwirkung der Brombeere. Schon im 4. Jahrhundert, zu Hippokrates Zeiten, wurden die Brombeere als Heilpflanze und deren schwarze, leicht säuerliche Früchte als leckeres Beerenobst verwendet. Reif sind die Früchte erst, wenn sie tief schwarz sind.

Buchecker (Rotbuche)

Die Früchte der Rotbuche nennt man Bucheckern. Sie sind essbar, enthalten roh allerdings den leichten Giftstoff Fagin (auch Trimethylamin), wodurch es bei übermäßigem Verzehr der rohen Früchte zu Vergiftungserscheinungen führen kann. Wenn man die Bucheckern allerdings röstet, wird dieser Giftstoff abgebaut, und sie erhalten ein besseres, nussiges Aroma. Von Süd-Skandinavien bis nach Sizilien reicht das heutige Verbreitungsgebiet der Rotbuche. Die ersten Pollen wurden in den Sedimenten des verlandeten Luttersees (im Eichsfeld bei Göttingen) gefunden und auf die spätere Warmzeit vor etwa 4.800 Jahren datiert.

Buchweizen

Der Buchweizen gehört nicht, wie z.B. Roggen oder Weizen, zu den Gräsern und wird nur gelegentlich (und fälschlich) als Getreide bezeichnet. Seine Körner erinnern in ihrer Form und ihrem leicht nussigen Geschmack an Bucheckern, wodurch der Buchweizen auch seinen Namen bekommen hat. Im 14. Jahrhundert erst kam der Buchweizen mit den Mongolen aus seiner zentralasiatischen Heimat in unser heutiges Mitteleuropa. Der Speiseplan der Nordleute musste also auf dieses vielseitige Korn verzichten.

Butter

Es ist unbekannt, wann genau die Butter entdeckt wurde, jedoch sind seit 6.000 v. Chr. die Viehzucht und die Nutzung von Milch nachgewiesen. Historiker nehmen an, dass die Entdeckung der Butter einem Zufall zuzuschreiben ist. Hirten und Bauern hatten Milch oft in Gefäßen als Proviant bei sich, und die Erschütterungen beim Laufen oder Reiten ließen die Milch fest werden. So entstand ein Vorläufer der Butter. Die Sumerer betrieben bereits vor 5.000 Jahren Viehzucht und Butterproduktion. Das bestätigen Ausgrabungen in Ur, der einstigen Hauptstadt von Mesopotamien. In Indien hing der Wert einer Kuh von ihrer Buttterergiebigkeit ab, denn dort wurde Butter als Maßeinheit genutzt. Sogar in der Bibel findet die Butter im Alten Testament Erwähnung. In den Sprüchen Salomons liest man: „Wenn man Milch stößt, so macht man Butter daraus." Dass auch die Wikinger Butter kannten, diese herstellten und verwendeten, ist anzunehmen. Butter wurde vermutlich nur frisch zu festlichen Anlässen gemacht, da sie leicht verderben konnte.

Buttermilch

Buttermilch entsteht, wenn man den Rahm der Milch zu Butter schlägt. Die Butterflocken werden dann zusammengeknetet, und die Flüssigkeit, die übrig bleibt, ist die Buttermilch.

Butterschmalz

Es wurde sehr früh entdeckt, dass das „Klären" die Haltbarkeit von Butter erhöht. Hierzu wird die Butter geschmolzen und die hierbei entstehende Eiweißschaumschicht abgeschöpft, bis alle weißen Flocken aus der Butter heraus sind. Butterschmalz wird seit Jahrtausenden in vielen Kulturen hergestellt. Mit Kräutern vermischt wurde es als Heilmittel von den Römern und Griechen, später aber auch in deutschen Klöstern verwendet. Das Butterschmalz galt seit jeher in allen Kulturen, die es verwendeten, als edles und kostbares Fett.

Dicke Bohnen ·
Ackerbohnen · Saubohnen

Eines der wichtigsten Nahrungsmittel in der mittelalterlichen Küche war die Dicke Bohne. Eine Urform dieser Bohne ist nicht bekannt, jedoch wurden die ältesten Funde der kleinkörnigen Ackerbohnensamen *(Vicia faba)* auf die Zeit 6.500–6.000 v. Chr. datiert. Man fand die Samen in einer steinzeitlichen Siedlung nahe Nazareth/Israel. Grabfunde belegen, dass im Zeitraum von 4.300–1.780 v. Chr. die Ackerbohne auch in Griechenland, Spanien, Portugal und Ägypten angebaut wurde. Als Kulturpflanze breitete sich die Dicke Bohne während der Bronze- und Kupferzeit weiter aus. Ihr Verbreitungsgebiet reichte nun bis zum Rande der Alpen und weiter bis zu den Jersey-Inseln, welche vor der französischen Westküste im Atlantik liegen. Die Dicke Bohne wurde neben den weit verbreiteten Erbsen und Linsen zu einer der wichtigsten Kulturpflanzen bei den Pfahlbaubewohnern der Bronzezeit. Zu Zeiten der Römer war die Ackerbohne soweit verbreitet, dass viele Schriftsteller des Altertums, wie z. B. Theophrast und Herodot, über ihre Bedeutung und Verwendung in ihren Schriften berichteten. Auf dem Balkan und im Mittelmeerraum war die Saubohne damals schon heimisch und gelangte sogar bis nach Südschweden. Im 17. Jahrhundert setzten sich die Gartenbohne und die Feuerbohne, welche aus Amerika zu uns kamen, immer mehr durch, so dass die Ackerbohne zunehmend an Bedeutung verlor.

Dickmilch

➥ Skyr.

Dill

Der Dill war zu Zeiten der Ägypter und der Römer in Vorderasien und dem Mittelmeerraum als Gewürz- und Heilpflanze gebräuchlich und heimisch. Im *Papyrus Ebers* (aus Ägypten, 1.500 v. Chr.) wird bereits beschrieben, dass sich römische Gladiatoren vor ihren Kämpfen mit Dillöl die

Körper eingerieben haben. Auch die Bibel erwähnt den Dill, als Jesus gegen die Pharisäer predigt, weil diese einen Zehnt von Dill, Minze und Kümmel verlangen (Matthäus 23.23). Nach Mittel- und Nordeuropa soll der Dill bereits im 1. Jahrhundert gelangt sein und gehörte spätestens zu Zeiten Karls des Großen in jeden kaiserlichen Gewürzgarten.

Dinkel

Ursprünglich aus Asien kommend ist der Dinkel eine Wildform des Weizens und war schon vor 5.000 Jahren als Kulturpflanze bekannt. Bereits in der Steinzeit angebaut breitete sich der Dinkel im Laufe der Jahrhunderte nach Mittel- und Nordeuropa aus und wurde auch in Deutschland angepflanzt. In Württemberg blieb der Dinkel bis ins letzte Jahrhundert die Hauptbrotfrucht der Alemannen.

ELCH

Eine Nachricht von Polybios (200–120 v. Chr.) ist die älteste schriftliche Überlieferung und der Beleg für das Vorkommen der Elche in Mittel- und Westeuropa. Leider ist diese Nachricht nicht mehr im Original erhalten, wohl aber in der griechischen Fassung des Geographen und Geschichtsschreibers Strabon (64 v. Chr.–23 n. Chr.), welcher das Werk von Polybios fortsetzte. Im Hercynischen Wald solle es „Alces" geben, berichtete der Feldherr Julius Gaius Cäsar (100–44 v. Chr.) in seinem Werk *De bello gallico*. Der wissenschaftliche Gattungsname lautet auch heute noch „Alces". In der *Naturalis Historia*, dem Werk von Plinius dem Älteren (23–79), werden ebenfalls Elche erwähnt. Das Verbreitungsgebiet der Elche ist außerordentlich groß und umfasst Gebiete in der ganzen Welt. Fast die gesamten nördlichen Waldzonen Europas und Asiens (Norwegen bis Mongolei) gehören ebenso dazu wie in Amerika das Gebiet von Alaska bis Ostkanada und südlich bis in den Nordwesten der USA. In Höhe des 50. Breitengrades liegt die südliche Verbreitungsgrenze der Elche, die nördliche in Höhe des 67. Breitengrades in Skandinavien.

Erbsen · Gelberbsen

Ursprünglich aus Kleinasien stammend ist die Erbse seit Jahrtausenden eine wichtige Nutzpflanze. Die ältesten Funde stammen aus Jericho und Aswad in Syrien, gehören zu den jungsteinzeitlichen Ackerbaukulturen und belegen den Anbau der Erbse ab etwa 8.000 v. Chr. Ebenfalls heimisch ist die Wildform in Griechenland. Ein Fund hierzu aus Franchthi wird auf 7.300–6.000 v. Chr. datiert. Trotz der vielen archäologischen Funde kann der Übergang von den Wild- zu den Kulturformen eben so wie die verschiedenen Unterarten kaum unterschieden werden. In den Buschwäldern des Mittelmeergebietes wachsen die Wildformen *(P. sativum subsp. elatius)* noch heute, und auch als Ackerunkräuter sind sie in der Levante, der Türkei und Griechenland anzutreffen. Von hier breitete sich die Erbse zusammen mit dem Ackerbau in Europa aus. Erst ab 3.500 v. Chr. drang die Erbse ins westliche Mittelmeergebiet vor, Spanien erreichte sie sogar erst zur Bronzezeit. Seit der Jungsteinzeit war die Erbse, wie auch die Linse, Grundnahrungsmittel der Ackerbauern. Jede zweite Getreidefundstelle belegt dies bis zum nördlichen Rand der Mittelgebirge. Als *Pisos Mauriscos* wird die Erbse im *Capitulare de villis* erwähnt, und Petrus de Crescentia berichtete im 13. Jahrhundert aus Bologna von weißsamigen Erbsen. Im 16. Jahrhundert unterschied man in den Kräuterbüchern zwischen rosa oder rot blühenden Gartenerbsen mit großen Früchten und weiß blühenden kleinen Felderbsen (z. B. Leonhart Fuchs in seinem *New Kreüterbuch*). Als Mus gegessen oder als Trockengemüse verwendet wurde die Erbse bis ins 17. Jahrhundert. Sorten die man grün essen konnte und die Zuckererbsen, welche mit der Hülse essbar sind, wurden erst ab dem 16. oder 17. Jahrhundert gezüchtet.

Erdbeeren

Schon seit der Steinzeit spielt die Erdbeere *(Fragaria)* eine große Rolle in der menschlichen Ernährung. In der Antike wurde sie als *„frega"* oder *„fregum"* bezeichnet, und sie gehört zu den Rosengewächsen. Die kleinen Walderdbeeren *(Fragaria vesca)* wurden im Mittelalter auf großen Flächen kultiviert.

ESSIG · WEINESSIG

Schon die Ägypter stellten aus Gerste das *Hequa* (eine Art saures Bier) her, welches mit einem Essigstich gesäuert wurde. Die Hochkulturen des Altertums, Perser, Ägypter, Babylonier, Griechen und Römer, stellten aus Feigen und Gerste Essig her.

ESSKASTANIEN

➥ Maronen.

ESTRAGON

Als das traditionelle deutsche Küchengewürz gilt der Estragon (*Artemisia dracunculus L.*), welchen die Römer wahrscheinlich noch nicht verwendeten. Der vermutete Ursprung liegt in Zentralasien und Sibirien. In China fand man die ältesten Hinweise auf seine Verwendung als Gewürz, datiert auf das zweite vorchristliche Jahrtausend. Die Araber würzten später ihre Speisen damit, allerdings ist nicht bekannt, ob sie den Estragon von den Chinesen erhandelten oder selbst kultivierten. Zu welchem Zeitpunkt der Estragon in Europa eingeführt wurde, lässt sich heute leider nicht mehr nachvollziehen. Im *Capitulare de villis* schreibt Karl der Große von einer Pflanze namens *Dragantea*. Es lässt sich nicht mit Sicherheit sagen, ob es sich um Estragon handelt, aufgrund der Namensähnlichkeit ist es aber denkbar.

FELDHASE

➥ Hase.

FENCHEL · FENCHELSAMEN

Ursprünglich aus dem Mittelmeergebiet bekannt fand der Fenchel während des Mittelalters auch im Norden Verbreitung. Den Griechen war der Fenchel vor 3.000 Jahren, oft fälschlich als „Samen" bezeichnet, bekannt, und im Mittelmeerraum ist er ein uraltes Gewürz. Heute ist der Fenchel von Nordeuropa bis nach Ostasien in den Küchen beheimatet.

Fisch

Seit Anbeginn der Menschheit wurde Fisch als Nahrungsmittel verwendet. Würde man die Ursprünge nachvollziehen wollen, würde es den Rahmen dieses Buches sprengen. Deswegen einigen wir uns einfach darauf, dass es Fisch schon immer gab und er seit Jahrtausenden als Grundnahrungsmittel dient.

Fjallagras (Islandmoos)

Symbiosen aus Algen und Pilzen nennt man Flechten, und zu diesen, genauer gesagt zu den Strauchflechten, gehört das Islandmoos, auch Fjallagras (ausgesprochen: Fjachlagras) genannt. Die ältesten Fossilien aus Südchina, welche rund 600 Millionen Jahre zurückdatieren, belegen, dass diese Symbiose aus Pilz und Alge seit Urzeiten existiert. Ein Schüler des Aristoteles, der griechische Botaniker Theophrast (390–287 v. Chr.), beschreibt in seinem Werk *Geschichte der Pflanzen* erstmals zwei Flechtenarten.

Gänseschmalz

➥ Schmalz.

Garnelen

➥ Krebse.

Gelberbsen

➥ Erbsen.

Gerste

Auf 10.500 v. Chr. lassen sich die ältesten nachweisbaren Spuren der Gerste zurückdatieren. Die systematische Zuchtauswahl begann 7.000 v. Chr., und in Mitteleuropa findet der Gerstenanbau seit 5.000 v. Chr. statt. Von Menschen zuerst gezielt angebaute Getreidearten waren Emmer, Einkorn und Gerste. Durch Auslese und Kreuzungen mit Wildgerstenarten entstanden die Kulturformen der Gerste, welche in ersten Funden in Ägypten und Vorderasien aus dem 6. bis 9. Jahrtausend v. Chr. zu finden sind. Seinen Ursprung findet die Gerste in der östlichen Balkanregion und dem Vorderen Orient.

Gewürznelken

Im größten Teil Asiens, in Nordafrika und Europa von den Köchen enorm geschätzt sind die Gewürznelken, ein uraltes Gewürz mit außergewöhnlich starkem Aroma. Mindestens 2.500 Jahre lässt sich der Handel zwischen dem kaiserlichen China und der „Nelkeninsel" Ternate zurückverfolgen. Im alten China kannte man verschiedenste Verwendungen für die Nelke, z.B. als Raumdeo und zum Kochen; aber auch und als Mittel gegen Mundgeruch: Man musste eine Nelke kauen, bevor man eine Audienz beim Kaiser bekam. Teuer gehandelt wurde die Nelke in der Spätantike in Europa, wo arabische Gewürzhändler sie bekannt machten.

Grünkohl

Der Grünkohl ist von allen Kohlformen der Wildform am ähnlichsten und hat seinen Ursprung wahrscheinlich in Griechenland. Als „Sabellinischer Kohl" bezeichneten die Römer den krausblättrigen Blattkohl. Dieser Vorläufer brachte den Bauern, die ihn anbauten, oft Wohlstand, da er in der römischen Küche als Delikatesse zählte. Anbaugebiete der heutigen Zeit sind West- und Mitteleuropa, West- und Ostafrika und Nordamerika.

Hafer

Der Hafer zählt zu den sekundären Kulturpflanzen, da er nie in Reinform, sondern nur als Beimengung in den Getreidefunden auftaucht. Vermutlich wuchs er zunächst nur als Beigras auf den Weizen- und Gerstenfeldern. Die ältesten Nutzungsnachweise finden sich um 5.000 v. Chr. in Polen und der nördlichen Schwarzmeerregion. Aus der Zeit um 2.400 v. Chr. stammen erste Nutzungsbelege in Mitteleuropa, jedoch war der Anbau des Hafers auf den Bereich nördlich des Mains eingegrenzt. Der südliche Anbau fand erst später statt.

Hagebutten

Die Hagebutte ist auch bekannt als Wild- oder Stockrose. Als Heil- und Färbemittel im Mittelalter und schon früher genutzt belegen Funde bei den Pfahlbauten am Bodensee. In der Landgüterverordnung Karls des Großen, geschrieben um 800, wurde der Anbau der „Wildrosen" zu medizinischen Zwecken befohlen, wobei auch die Früchte (Hagebutten) genutzt wurden.

Hammel

➥ Schaf.

Hase · Feldhase

Die Gattung der Echten Hasen *(Lepus)* umfasst rund 30 Arten, wovon nur fünf in Europa heimisch sind. Dies sind der Iberische Hase, der Korsika Hase, der Feldhase, der Schneehase und der spanische Castroviejo- oder Ginsterhase. Andere Arten der Echten Hasen sind auch in Nordamerika, Afrika, Eurasien und bis ins südliche Mexiko heimisch. Die Darstellung eines Hasen an einer der Felswände in der Höhle von Gabillou (Frankreich) ist einer der ältesten archäologischen Belege, neben einer Tierplastik im Isturitz-Höhlensystem.

Haselnuss

Als Nahrungsmittel begann die Haselnuss bereits im Altertum (4. Jahrtausend v. Chr. bis 7. Jahrhundert n. Chr.) ihren Siegeszug vom Schwarzen Meer kommend in den Mittelmeerraum. Ihr antiker römischer Name lautet *nux abellana*, abgeleitet von der Gegend Abella in Kampanien (Italien), wo die Haselnuss ebenso verbreitet war wie in Süddeutschland und im heutigen Frankreich.

Hefe

Der Genuss von aufgegangenem Brot und alkoholischen Getränken wie Wein und Bier begann in den frühen Hochkulturen des mittleren Ostens. Im 3. Jahrhundert v. Chr. wurde die Hefe als Hilfsmittel zur Weinherstellung entdeckt, allerdings kannten schon die Ägypter Brot, welches mit Hefe gemacht wurde.

Heidelbeeren · Blaubeeren

Vorwiegend auf der Nordhalbkugel findet man die Blaubeere, wie die Heidelbeere im Volksmund genannt wird. Sie gehört zur Gattung der Heidekrautgewächse und ist nicht nur als Beerenobst bereits seit über 2.000 Jahren beliebt. Auch zum Färben von Stoffen wurde die Heidelbeere genutzt.

Himbeeren

Als Heilpflanze ist die Himbeere seit dem Altertum bekannt und wurde im Mittelalter vorwiegend in Klöstern kultiviert. Seit dem 17. Jahrhundert unterscheidet man rote und gelbe Arten. Die Griechen kennen die Himbeere seit 100 v. Chr., und ihre Verbreitung reichte damals bis Nordeuropa.

Hirsch · Reh

Die Familie der Hirsche teilt sich in rund 45 Arten auf. Rothirsch, Reh, Rentier und Elch sind einige der Arten aus der Hirsch-Familie, welche in Europa verbreitet sind. Weite Teile Amerikas und Eurasiens sind das natürliche Verbreitungsgebiet der Hirsche. Sie bewohnen eine Vielzahl verschiedener Lebensräume

wie Sumpfgebiete, Wüsten und die arktische Tundra. Die frühesten Funde von Hirschen stammen aus dem Miozän, einer Epoche vor etwa 23 Millionen Jahren, und belegen deren Verbreitung nach Europa und Nordamerika.

Honig

9.000 Jahre alte, steinzeitliche Höhlenmalereien zeigen „Honigjäger“ bei der Beschaffung des „flüssigen, süßen Goldes“. Honig ist bereits seit der Steinzeit ein Nahrungsmittel für die Menschen, wurde aber auch als Köder bei der Bärenjagd eingesetzt. Im Anatolien des 7. Jahrtausends v. Chr. vermutet man den Ursprung der heutigen Hausbienenhaltung mit gezielter Honiggewinnung. Als „Speise der Götter“ und „Quelle der Unsterblichkeit“ bezeichneten schon die alten Ägypter um 3.000 v. Chr. den Honig. Hier wurde ein Topf Honig mit dem Wert eines Esels aufgewogen. Und Hippokrates lehrte, um 400 v. Chr., dass Honigsalben fiebersenkende Wirkung haben und die Leistung der olympischen Athleten bei den antiken olympischen Spielen durch Honigwasser verbessert werden konnte.

Hopfen

Der Hopfen gehört zu den Hanfgewächsen. Den Anbau von Hopfen belegen schriftliche Quellen aus dem frühen Mittelalter. Erstmals erwähnt wurde der Hopfenanbau 763 bei Geisenfeld in der Hallertau. Weitere konkrete Quellen belegen den Anbau 768 im Kloster St. Denis in Paris, 822 im Kloster Corvey (heutiges Nordrhein-Westfalen) und 859–875 im Hochstift Freising. 1079 findet der Hopfen seine erste Erwähnung als Brauzusatz. Die ältesten archäologischen Funde von Hopfen im Zusammenhang mit Braumaterial und Bierbraukunst stammen aus Haithabu und werden auf das 9. Jahrhundert datiert.

Ingwer

Die Herkunft des Ingwers ist nicht genau bekannt. Man vermutet, dass sein Ursprung auf den pazifischen Inseln liegt. Im ersten nachchristlichen Jahrhundert erfreute sich der Ingwer aber auch auf dem europäischen Kontinent bereits großer Beliebtheit. So beschrieb ihn Marcus Gavius Apicius (25 v. Chr.–ca. 42 n. Chr.) in seinem Werk *De re coquinaria* als Gewürz (übersetzt: *Über die Kochkunst*).

Johannisbeeren · Stachelbeeren

Die Johannisbeere, auch als Ribisel bekannt, gehört zur Familie der Stachelbeergewächse. Im *Neu vollkommen Kräuter-Buch* des Tabernaemontanus, auch Jacob Theodor (1522–1590), findet die Johannisbeere ihre erste Erwähnung. Allerdings gehen Botaniker aufgrund ihrer Verbreitung und Sortenvielfalt davon aus, dass es sie schon sehr viel früher gegeben hat. Die Stachelbeere *(Ribes uva crispa)* ist eine Art der Gattung Johannisbeere. Ihre Früchte sind größer, etwas säuerlicher als andere Vertreter der Gattung und teilweise behaart. Außerdem wächst die Stachelbeere nicht an Rispen.

Kalb

➥ Rind.

Kandierte Früchte

Das Kandieren ist eine sehr alte Konservierungsmethode. Hierbei werden Früchte, Blüten oder andere frische Pflanzenteile immer wieder mit einer aufgekochten lauwarmen Zuckerlösung übergossen, sodass sich eine Zuckerkruste bildet. Durch diesen Prozess wird den Früchten das Wasser entzogen und der Zuckergehalt auf mindestens 70 % erhöht. Anschließend lässt man die Früchte oder Pflanzenteile gut abtrocknen. Nun sind sie ungefähr 1½ Jahre haltbar, wenn man sie kühl und trocken lagert.

Kandiszucker

Kristalle aus Zucker, welche aus konzentrierten Zuckerlösungen innerhalb mehrerer Tage auskristallisieren, werden „Kandis“ genannt. Schon im 9. Jahrhundert war der Kandiszucker bei den Arabern bekannt. Und da die Wikinger seit ungefähr über die sogenannte Schwarzmeer-Route mit Byzanz handelten, ist es sehr wahrscheinlich, dass sie auch kandierte Früchte mit in die nordische Heimat brachten. Allerdings waren sie wohl eher ein Luxusgut.

Karotten (Möhren)

Als eine der ältesten Kulturpflanzen ist die Karotte bekannt, die im Ursprung von der Wilden Möhre abstammt. Schon die Bauern der Jungsteinzeit kultivierten die Karotte, weil sie ein gesundes und wichtiges Gemüse war.

Käse

Käse ist nach heutigen Erkenntnissen eine zufällige Entdeckung aus der Steinzeit. Wenn steinzeitliche Jäger erbeutete junge Wiederkäuer zerlegten, welche kurz vorher noch Muttermilch getrunken hatten, fanden sie vermutlich in deren Magen gallertartige weiße Klumpen. Solch fermentierter Labquark war, so wird vermutet, die erste „Käseerfahrung" unserer Vorfahren. Die Ausbreitung der Weidewirtschaft und die Domestizierung der Wiederkäuer zu Nutztieren, etwa 10. bis 8. Jahrtausend v. Chr., führte dazu, dass größere Mengen Milch zur Verfügung standen. Die Kunst der Käserei hat sich, so wird es heute angenommen, zur selben Zeit langsam entwickelt. Die bis heute gebräuchliche Käseherstellung und das Abschöpfen des Rahms mit Sieben kannten bereits die Kelten im 4. Jahrhundert v. Chr., als sie die Alpen überquerten und hier die Käsekunst veredelten. Durch die Übernahme der keltischen Traditionen brachten die Germanen das umfangreiche Handwerk der Käserei zu großer Blüte.

Kerbel · Wiesenkerbel

Das Kaukasusgebiet oder Südosteuropa ist wahrscheinlich der Ursprung des Kerbels. Karl der Große machte ihn durch das *Capitulare de villis* in den Gebieten nördlich des Mittelmeeres bekannt und beliebt. Ob in Nordwestafrika, fast ganz Europa, der nördlichen Türkei, Sibirien, Nordchina oder Japan, der Wiesenkerbel ist weit verbreitet und heute noch essentieller Bestandteil der Küche. Die Frankfurter Grüne Sauce oder die Kräutlsuppe zum Gründonnerstag in Bayern würden ohne Kerbel nicht „richtig" schmecken.

Klippfisch · Stockfisch (Trockenfisch)

Das Trocknen von Fisch ist in Norwegen mehr als 1.000 Jahre zurückverfolgbar. Es wurden Dokumente gefunden, welche bis in das Jahr 875 zurückreichen und beweisen, dass der Stockfisch schon vor dem Zeitalter der Wikinger aus Norwegen exportiert wurde und bis heute der älteste und größte Exportartikel Norwegens ist. Auch zeigen diese Dokumente deutlich auf, dass die norwegischen Wikinger den einfachen Stockfisch trotz der bereits florierenden Handelsrouten von Nowgorod bis nach Konstantinopel, Irland oder in die Normandie noch gerne gegessen haben. Stockfisch wird heute in der veredelten Lutefisk-Variante als beliebtester Trockenfisch immer noch aufgetischt.

Knoblauch

Der Knoblauch gelangte durch die Römer von Zentral- und Südasien über den Mittelmeerraum nach Europa und Skandinavien. Er war seit dem Altertum von den Ägyptern bis hinauf zu den Griechen als Gewürz- und Heilpflanze bekannt.

Krebse ·
Krabben · Garnelen

Wie bei den Fischen liegen Ursprung und die Verwendung als Nahrungsmittel von Krebsen, Krabben und Garnelen so weit zurück, dass man es nicht genau datieren kann. Jedenfalls waren sie schon lang vor den Wikingern ein beliebtes Nahrungsmittel und sind es noch heute.

Kümmel ·
Echter Schwarzkümmel

Aus der Zeit Karls des Großen stammen die ersten schriftlichen Zeugnisse des Kümmels. Aus seiner Heimat Südeuropa, Westasien, Indien und Nordafrika kam der Kümmel per Handel in den hohen Norden. Als Wildkraut ist der Acker-Schwarzkümmel auch auf deutschen Feldern zu finden. Bei Ausgrabungen fand man in Pfahlbauten aus der Zeit um 3.000 v. Chr. Kümmelsamen.

Lamm

➥ Schaf.

Lauch

Der uns heute bekannte Lauch stammt vom wilden Ackerlauch ab und ist seit ca. 2.100 v. Chr. als Heilmittel und Gemüse bekannt. Ursprünglich im Mittelmeerraum beheimatet, kam der Lauch durch die Römer nach Mittel- und Nordeuropa.

Leinsamen

Die Samen der Flachspflanze bezeichnet man als Leinsamen. Der Flachslein ist eine der ältesten Kulturarten und wurde schon 5.000–4.000 v. Chr. von den Ägyptern angebaut. Seit dem frühesten Mittelalter floriert der Handel mit Leinen auf dem ganzen Erdball. Der Flachs wurde nach und nach zu verschiedenen Produkten, wie z. B. Leinöl, Leinengarn, Stoffen etc. verarbeitet.

Linsen

Seit ungefähr 8.000 Jahren ist die Linse eine der wichtigsten Nutzpflanzen. Ausschließlich die Samen werden als Nahrungsmittel verwendet.

Lorbeer (Lorbeerblätter)

Die Blätter des Lorbeerstrauches werden, meist getrocknet, als Gewürz verwendet. In ca. 7.000 Jahre alten Keilschriften aus Vorderasien wird der Echte Lorbeer bereits als Gewürz- und Heilpflanze erwähnt.

Majoran

Der Majoran ist ein auch heute noch beliebtes Gewürz und stammt aus Kleinasien. Schon die Ägypter bauten ihn an und waren sich mit den Griechen und Römern über seine liebeskraftsteigernde Wirkung einig. Nur bei warmem Klima bekommt man eine gute Qualität, deshalb fühlt sich der Majoran in Mittelmeerländern am wohlsten.

Mandeln

Auch der Mandelbaum benötigt warme Temperaturen. Man versuchte sich im gemäßigten Europa mit dem Anbau, allerdings scheiterte der Versuch am Klima. Ursprünglich aus West- und Zentralasien stammend lässt sich durch die Jahrtausende lange Kultur der exakte Ursprung nicht mehr genau feststellen. Über den Handel mit Griechenland und Nordafrika gelangten die schmackhaften Mandeln nach Europa.

Mangold

Mangold ist ein Verwandter der Zuckerrübe und ein spinatartiges Gemüse. Schon die Römer wussten den Mangold sehr zu schätzen. Als Kulturgemüse ist Mangold seit etwa 4.000 Jahren in Europa bekannt.

Maronen

(Edel- oder Esskastanien)

Im 5. Jahrhundert v. Chr. begann die Esskastanie sich von Asien aus nach Griechenland und noch vor der Zeitenwende nach Süd- und Westeuropa zu verbreiten. Zusammen mit der Weinrebe brachten die Römer die Esskastanie nach Nordafrika, Mittel- und Nordeuropa. Am nördlichen Alpenrand kannte man sie jedoch schon, bevor die Römer kamen.

Meerrettich

Ein pompejisches Wandgemälde zeigt diese geschmackvolle, bereits in der Antike bekannte Wurzel. Auch Cato der Ältere (234–149 v. Chr.) beschäftigte sich in seinen Ackerbauabhandlungen ausführlich damit.

Meersalz

➥ Salz.

MILCH

Wie schon beim Käse erwähnt, begannen die Ausbreitung von Weidewirtschaft und die Domestizierung von Ziegen, Schafen und Rindern im 10. bis 8. Jahrtausend v. Chr.

Es ist davon auszugehen, dass spätestens zu diesem Zeitpunkt begonnen wurde, die Milch als Lebensmittel in verschiedenen Varianten zu nutzen.

MOHN

Mohn, eine der ältesten Nutzpflanzen, als Heil- und Nahrungsmittel, findet in Keilschriften erstmals um 4.000 v. Chr. Erwähnung, doch ist er in Südeuropa bereits ab etwa 6.000 v. Chr. als Nutzpflanze bekannt und durch Funde nachzuweisen. In der Antike wurden die Samen, welche ölhaltig und angenehm nussig duftend sind, bei den Griechen als Schlafmittel für Kinder benutzt. Heutzutage wird Mohn vor allem in Süßspeisen und Gebäck verwendet.

MÖHREN

➥ Karotten.

MOLTEBEEREN (TORFBEEREN)

Die Moltebeere, auch Torfbeere genannt, findet man in Mitteleuropa gar nicht. Ihr Hauptverbreitungsgebiet liegt in den skandinavischen Staaten Nordeuropas sowie in Schottland und England. Ihr Ursprung lässt sich nicht genau zurückverfolgen, jedoch ist sie seit etwa 100 n. Chr. in Nordeuropa als Nahrungsmittel belegt.

Muskat · Muskatnuss · Muskatblüte

Der Arzt Simon Seth schrieb im 10. Jahrhundert über die Muskatnuss in Byzanz. Von hier gelangte sie als Gewürz für allerlei Speisen über die Handelsrouten nach Mittel- und Nordeuropa.

Obstschnaps · Obstbrand

Die Herstellung von Alkohol kannten schon viele Hochkulturen, beispielsweise die Ägypter, Römer und Griechen. Die ersten Formen waren Wein und Bier. Die Destillation von Spirituosen gelang jedoch erst um 1.000 n. Chr. in verschiedenen Klosterküchen und Apotheken Süditaliens. Die unterschiedlichsten Kräfte wurden hochprozentigem Alkohol zugeschrieben, und sogar Gold könne man aus ihm herstellen, behaupteten Alchimisten. Wenn es bei den Wikingern überhaupt Branntwein bzw. Spirituosen gab, dann erst zum Ende ihrer Zeit.

Olivenöl

Bereits in der Antike beschrieb Plinius der Ältere (ca. 23–79) die Gewinnung von Olivenöl. Damals war es üblich, die reifen Früchte des Olivenbaumes mit Schraubenpressen auszupressen. Durch den Handel gelangte Olivenöl nach Mittel- und Nordeuropa.

Orangeat

Orangeat sind die kandierten, von der weißen Haut befreiten Schalen von Bitterorangen (Pomeranzen). Genaueres zum Kandieren ➥ Kandierte Früchte.

Orangen

Da sie schon seit etwa 3.000 v. Chr kultiviert werden, ist die Herkunft sämtlicher Citrus-Arten unserer Erkenntnis entzogen. Bereits im 9. Jahrhundert gelangten die Orangen durch die Mauren nach Europa. Dies waren allerdings Bitterorangen, nicht die heute bekannteren Süß- und Saftorangen.

Pastinaken

Die Pastinake, auch Germanenwurzel genannt, war in Europa und Nordasien sehr weit verbreitet, bis sie im 18. Jahrhundert von den Kartoffeln und Karotten aus dem alltäglichen Speiseplan Mitteleuropas verdrängt wurde. Die Kulturform der Pastinake, schon bei den

Griechen und Römern sehr beliebt, entstand durch die Züchtung der Pflanze zu einer größeren Wurzel.

Petersilie · Petersilienwurzel

Bei den Griechen als heilig verehrt und bei den Römern in der Küche als Gewürz benutzt, hat die Petersilie im Mittelmeerraum ihren Ursprung. Ungefähr im 16. Jahrhundert gewann sie in der Küchenkunst in Mitteleuropa an Bedeutung, und bis heute ist sie eines der meist benutzte Gewürzkräuter und Wurzelgemüse.

Pfeffer

Schon in der Antike transportierte man Pfeffer mit Karawanen von Indien in den Mittelmeerraum und nach Europa. Zeitweilig so kostbar wie Gold, mit welchem der Pfeffer aufgewogen wurde, war er ein Luxusartikel. Mit der Hilfe von Pfeffer konnten Lebensmittel lange haltbar gemacht werden, was ihn sehr wertvoll machte. Er wurde auch als Heilmittel benutzt, und Schiffsköche verwendeten ihn, um nahezu verdorbenes Fleisch wieder genießbar zu machen. Er galt in der Antike als Heilmittel, und die Türken, Araber und Venedig hatten das Monopol über den Gewürz- und Pfefferhandel mit Indien.

Pferd · Pferdefleisch

Der genaue Ursprung der Pferde lässt sich heute nicht mehr exakt rekonstruieren. Die Domestizierung des Wildpferdes fand erstmalig etwa 3.000 v. Chr. in Zentralasien statt. Verbreitet war das Pferd von Westeuropa über ganz Eurasien bis nach China. Sie waren nicht nur als Reit- und Arbeitstiere von Bedeutung, sondern fanden auch als Fleischlieferanten ihren Weg in die Speisepläne. Der Genuss des Pferdefleisches wurde teilweise verboten, da die christlich-katholische Kirche dies missbilligte. Heute wird Pferdefleisch als Speise wieder populärer.

Pflaumen

Die Pflaumen kamen 150 v. Chr. mit den Römern aus Kleinasien nach Europa. Heute werden sie auf der ganzen Welt angebaut. Alexander der Große brachte dieses Steinobst wahrscheinlich von seinen Kreuzzügen mit in die Heimat. Zentrum des Pflaumenhandels war Damaskus. Sie galten bei den Römern als Abführmittel bei Verstopfungen, wie ein Satz des römischen Dichters Marcus Valerius Martial beweist: „Nimm Pflaumen für des Alters morsche Last, denn sie pflegen zu lösen den hartgespannten Bauch."

Pilze

➥ Speisepilze.

Quark

Quark, ein Nebenprodukt der Käseherstellung, ist dickgelegte Milch. Über ein Leintuch abgegossen fließt die Molke ab, und zurück im Tuch bleibt Quark. Im Osten Deutschlands auch Weißkäse genannt ist Quark ein Frischkäse.

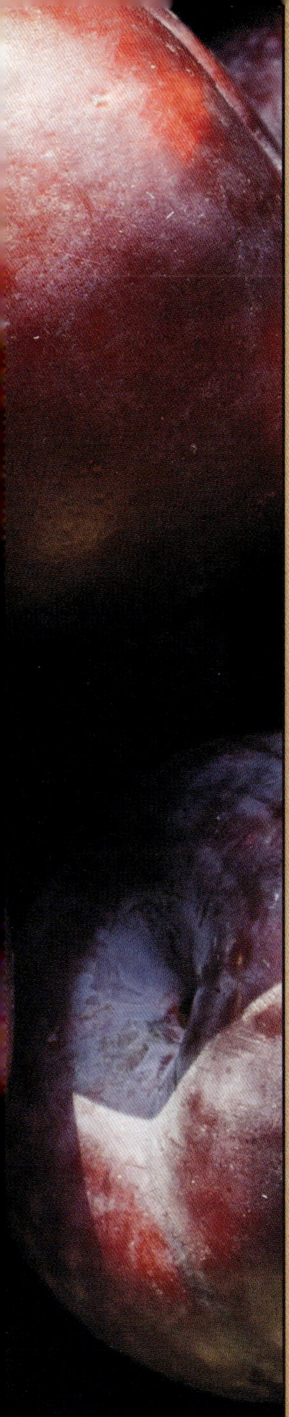

Reh

➥ Hirsch.

Rentier

In steinzeitlichen Höhlenmalereien findet man häufig Darstellungen von Rentieren, sie dürften also damals schon eine begehrte Jagdbeute gewesen sein. In Teilen der Welt werden sie auch heute wegen ihres besonders mageren Fleisches und ihres Fells gejagt. Auf den arktischen Inseln, in den Tundren Nord-Eurasiens, auf Grönland und in Nord-Nordamerika finden sich noch wildlebende Rentierherden.

Rind · Kalb

In weiten Teilen Europas, Asiens und Nordafrikas lebte der Ur oder Auerochse, der Vorfahr unseres heutigen Hausrindes. Um ca. 8.300 v. Chr. gelangten Ackerbauern zusammen mit ihren Rinderherden auf das bis dahin rinderlose Zypern. Dies gilt als Beleg für die Domestizierung des Auerochsen oder Ur zum Hausrind im 9. Jahrtausend v. Chr.

Roggen

Als Unkraut fand man den ersten Roggen vor 2.000–3.000 Jahren in den Weizenfeldern Kleinasiens, wo er dann als Mischanbau verbreitet wurde. Er ist keine der in der Antike bekannten klassischen Getreidesorten. Seit dem 6.–5. Jahrhundert v. Chr. ist der Roggen in Europa belegt.

Rosinen

Siehe unter Trauben.

Rosmarin

Der intensiv duftende und schmeckende Rosmarin wurde im Altertum als Symbol der Liebe und Schönheit der Göttin Aphrodite geweiht. Im Mittelmeerraum hochgeschätzt wurde er im ersten nachchristlichen Jahrhundert nach Mittel- und Nordeuropa eingeführt und galt unter anderem in Klöstern als wichtiges Heilmittel.

Rote Rübe
(Rote Beete oder Randen)

Verwandt mit Mangold, Zucker- und Runkelrübe kam die Rote Rübe mit den Römern nach Mittel- und Nordeuropa. Als Wildform ist sie nicht bekannt, aber ihr Ursprung findet sich im Mittelmeerraum und Nordafrika.

Rotkohl

Die Heimat des Rotkohls sind Mittelmeerraum und Kleinasien. Aufgrund seiner Unempfindlichkeit gegen Kälte fand er von dort aus seinen Weg auch in alle Gebiete Europas, wo er nun hauptsächlich kultiviert wird.

Safran

Der Safran war bereits in der Antike als Gewürz bekannt und ein hochgeschätztes Luxusgut. Die Handelswege, auf denen er sich bis nach Europa ausbreitete, sind heute nicht mehr nachvollziehbar, jedoch kennt man ihn in Mesopotamien schon seit 5.000 Jahren.

SALZ · MEERSALZ UND STEINSALZ

Das Salz begann sehr früh einen hohen Stellenwert in der Zivilisation einzunehmen. Bereits die Sumerer und Babylonier nutzten es, genauso wie viele andere Kulturen nach ihnen, zum Konservieren von Lebensmitteln. Die erste und heute noch bekannte Gewinnungsmethode von Salz waren die Salzgärten, wo die Sonne das Wasser in Teichen verdunsten lässt und sich auf der Wasseroberfläche die Salzkristalle bilden, welche dann abgeschöpft und getrocknet werden. Das Salz galt lange Zeit als „weißes Gold", so wertvoll war es als Handelsgut. Auf bedeutenden Handelsrouten, den sogenannten Salzstraßen, wurde aber nicht nur Salz aus den Salzgärten in salzarme Regionen transportiert, sondern auch Steinsalz, welches in Salzstöcken abgebaut wurde. Der älteste Salzstock befindet sich in Wieliczka/Polen, wo seit 3.500 v. Chr. Salz abgebaut wird und von dort als teure Handelsware zu den Wikingern kam. In Österreich wird bereits seit den Kelten Steinsalz abgebaut, in Salzlagerstätten wie Hallein oder Hallstatt eingelagert und von dort aus verhandelt.

SALZGURKEN

Von den Römern bereits in der Antike geschätzt wurden durch Milchsäuregärung haltbar gemachte Gurken, genannt „Salzgurken" oder auch „Saure Gurken". Ihre Verbreitung liegt heute vorwiegend östlich des „Salzgurkenmeridians", einer gedachten Linie zwischen Wien und Berlin, in Ost-Europa und Russland.

SELLERIE · SELLERIEWURZEL

Ägypter und Griechen verwendeten den Sellerie schon 1.200–600 v. Chr. als Heil- und Gemüsepflanze. Die Römer übernahmen das Wissen um den Gebrauch des Selleries von den Griechen und gaben es an die anderen europäischen Völker bis in den hohen Norden weiter. Nach den Völkerwanderungen im 9. Jahrhundert ist die Nutzung des Selleries wieder belegt. In Mittelalter und Renaissance wurde er vorwiegend als Heilpflanze und Arzneimittel genutzt. Heute ist er ein essentieller Bestandteil der Küche. Im 17. Jahrhundert wurden Unterarten wie Knollen- und Bleichsellerie gezüchtet.

SENF · SENFKÖRNER

Aus China, wo der Senf schon vor 3.000 Jahren ein geschätztes Gewürz war, kam er im 4. Jahrhundert v. Chr. als Heil- und Genussmittel über Kleinasien nach Griechenland. Columella, ein Römer des 1. Jahrhunderts n. Chr., verfasste das erste überlieferte Rezept zur Zubereitung von Senf. Karl der Große schrieb im 8. Jahrhundert über den Senf in Europa, und so wurde er bald ein wichtiges Tafelgewürz. Senf und Meerrettich waren die ersten scharfen Gewürze vor der Verbreitung von Pfeffer und Chili in Europa.

SESAM

Die vermutlich älteste Ölpflanze der Welt ist der Sesam, er ist seit mehreren tausend Jahren bei allen Völkern sehr beliebt. Sesamöl wird in der asiatischen Küche sehr geschätzt, weil man es auf hohe Temperaturen erhitzen kann, ohne dass es verbrennt. Doch auch Sesamsaat (Sesamsamen) finden sich weltweit in allerlei Essbarem, wie Semmeln, Panade, Riegeln mit Honig und vielem mehr. Das Öl ist auch in kosmetischen und ayurvedischen Bereichen wegen seiner entgiftenden

Eigenschaften anerkannt. Ursprünglich in Ostafrika zu Hause verbreitete sich der Sesam als Handelsgut vor 4.000 Jahren von Babylon und Ägypten aus in die ganze Welt.

SKYR (DICKMILCH MIT SALZ) · DICKMILCH

Ebenso wie Käse und Butter ist die Dickmilch vermutlich ein Zufallsprodukt der Milchverarbeitung. Wird Milch nicht gekühlt, fängt sie nach einiger Zeit an dick zu werden. Das Ergebnis ist Dick- oder auch Sauermilch. In südlichen Ländern, wie dem Mittelmeerraum, Afrika oder den arabischen Ländern, wird sie häufig und gerne gesalzen und dann zur Zubereitung von würzigen Speisen verwendet. Kefir ist der Dickmilch ähnlich und kann als Ersatz beim Kochen dienen, allerdings ist er flüssiger als Dickmilch, deswegen sollte man mit Mengenangaben vorsichtig sein.

SPEISEPILZE

Speisepilze sind reich an Eiweiß, Mineral- und Ballaststoffen und bereits so alt, dass man ihre Herkunft nicht mehr genau ermitteln kann. Bei den Wikingern waren sie wegen ihres Nährstoffgehaltes eines der wichtigsten Nahrungsmittel, und unzählige Arten, wie Parasol, Pfifferling (auch Butter- oder Eierschwammerl genannt), Champignons, Maronenröhrlinge und viele mehr, bereicherten die Speisepläne schon weit vor den Wikingern. Der römische Dichter Martial (ca. 40–102) schrieb: „Leicht ist es, Gold und Silber zu entbehren und die Freuden der Liebe, aber es ist schwer, auf Pilze zu verzichten."

SPEISERÜBE

➥ Steckrübe.

SPINAT · WILDER SPINAT (GUTER HEINRICH)

Der Vorfahr des Spinats wurde in Persien als „ispanāg" kultiviert und von Arabern nach Spanien gebracht, wo im 9. Jahrhundert zum ersten Mal unter dem Namen „isbanāh" von ihm berichtet wird. Wilder Spinat war in den Alpen zu Hause, bevor er durch Kultivierung ins Flachland kam.

SPIRITUOSEN

➥ Obstschnaps.

Stachelbeeren

➥ Johannisbeeren.

Steckrübe · Speiserübe

Die Speise- oder auch Steckrübe stammt aus dem Mittelmeergebiet und ist vermutlich eine Kreuzung aus Kohlrabi und Herbstrübe. Der genaue Ursprung ist nicht rekonstruierbar, es ist aber anzunehmen, dass sie in Form von Unterarten (Mai-, Herbst-, Kohlrübe u.a.) schon zu Zeiten der Wikinger als nahrhaftes und schmackhaftes Gemüse auf dem Tisch oder im Eintopf landete.

Steinsalz

➥ Salz.

Sternanis

In verschiedensten Fleischgerichten Asiens ist seit 4.000 Jahren der Sternanis unentbehrlich geworden. Wie viele andere Gewürze kam er durch den Handel mit Arabern über den Mittelmeerraum nach ganz Europa, wo er sich heute noch großer Beliebtheit erfreut.

Thymian · Zitronenthymian

Sehr robust und anpassungsfähig hat es sich der Thymian in fast ganz Europa als Küchengewürz gemütlich gemacht. Nicht nur als Gewürz, sondern auch als Heilpflanze beschreibt Plinius der Ältere (ca. 23–79) den Thymian. In kühleren Klimazonen wie Nordengland, Irland, dem nördlichen Russland und Finnland hat er sich angepasst, ist aber trotzdem vorwiegend in temperaten subozeanischen Klimazonen zu finden.

Trauben · Rosinen

Die Weinrebe ist eine der ältesten Kulturpflanzen der Menschheit, und ihre Früchte, die Weintrauben bzw. Tafeltrauben, können roh gegessen werden. Gedörrt als Rosinen kann man sie pur essen oder auch zur Zubereitung anderer Speisen (z.B. Rosinenbrötchen, Müsli und Stollen) verwenden. Nachweislich wurde schon im 6. Jahrtausend v. Chr. in Vorderasien Wein angebaut.

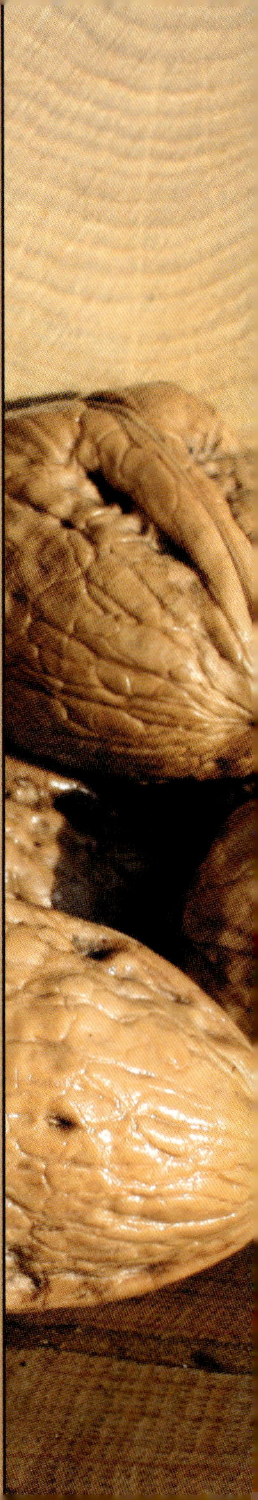

Wacholder · Wacholderbeeren

Ein sehr altes und heute noch beliebtes Küchengewürz ist der Wacholder, welchen schon die Germanen sehr hoch schätzten. Sein Verbreitungsgebiet erstreckt sich über Ostasien (Holarktis), Nordafrika, Europa, Südgrönland und Nordamerika.

Walnuss

In seinem Werk *Naturalis Historia* berichtet Plinius der Ältere (ca. 23–79), dass die Griechen den Walnussbaum im 7.–5. Jahrhundert v. Chr. in Europa verbreiteten. Als *Nux Gallica* (gallische Nuss) kultivierten die Römer die Walnuss in Gallien. Allerdings belegen Ausgrabungsfunde von Pfahlbauten, dass die Walnuss nicht erst mit den Römern nach Mittel- und Nordeuropa brachten.

Wein

In Vorderasien wurde Wein nachweislich bereits im sechsten vorchristlichen Jahrtausend angebaut. Ägypter, Byzantiner, Griechen und Römer, alle haben den Weinbau und die Weinherstellung betrieben. Früher galt er allerdings nicht als Genussmittel, sondern als stärkendes Heilgetränk, auf das bei Eroberungen nicht verzichtet wurde.

Weinessig

➥ Essig.

Weisser Gänsefuss

Der weiße Gänsefuß kommt ursprünglich aus dem Himalaya. Der Fund größerer Samenmengen in Pfahlbauten lässt vermuten, dass er gezielt genutzt und kultiviert wurde. Die Verwendung als Tierfutter, speziell als Gänsefutter, brachte ihm seinen Namen ein.

Weißkohl

Ebenso wie der Rotkohl ist der Weißkohl mindestens seit den Kelten, Griechen und Römern bekannt und kultiviert. Allerdings stammt der Weißkohl vom Meerkohl ab, welcher ursprünglich an Mittelmeer- und Atlantikküsten wuchs. Nicht nur als „Kater-Killer", sondern auch bei Gicht, rheumatischen Beschwerden, Prellungen und Schwellungen wurde er als Krautwickel eingesetzt.

Weizen

Das Ergebnis der Kreuzung mehrerer Wildgrasarten mit Getreiden ergab Einkorn und Emmer, die ersten bekannten Weizenarten, die von Menschen angebaut wurden. Aus dem Vorderen Orient kommend und durch gezielte Züchtung und Kultivierung entstand der heutige Saatweizen. Weizen ist nach der Gerste das zweitälteste Getreide. Die ältesten Nackt- bzw. Hartweizenfunde lassen sich auf den Zeitraum 7.800–5.200 v. Chr. datieren.

Wiesenkerbel

➥ Kerbel.

Wildschwein

Die ersten sicheren Belege für die Existenz und Nutzung von Wildschweinen wurden auf 7.000 v. Chr. datiert und kommen aus Europa, Nordafrika und Mesopotamien. Sie sind die Stammform des Hausschweins und exzellente Schwimmer, weshalb sie auch Inseln besiedeln konnten. Heute leben sie fast überall auf der Welt.

Zimt (Chinesischer Zimt)

Als eine der ältesten Gewürzarten der Welt gelangte der Chinesische Zimt nach Europa. Alexander der Große (356–323 v. Chr.) brachte den Zimt weiter in den Westen und machte ihn dort bekannt. Kwei, so heißt der Zimt in China, verbreitete seinen Duft schon vor 4.500 Jahren in Chinas Küchen.

Zitronen

Die Zitrone entstammt einer Kreuzung aus Bitterorange und Zitronatzitrone. Erste Nachweise finden sich aus der Zeit um 1.000 im Mittelmeerraum und Zentralasien. Sie ersetzte in der Küche den Verjus (Saft aus unreifen Trauben) als Säuerungsmittel.

Zitronenmelisse

Die exakte Herkunft und das genaue Alter lassen sich nicht mehr nachvollziehen, da die Zitronenmelisse ein ungemein verbreitetes Kraut ist.

Zitronenthymian

➥ Thymian.

Zucker

Vor ungefähr 8.000 Jahren gelangte das Zuckerrohr von Asien nach Persien und Indien. Die ältesten Funde jedoch stammen aus Melanesien und Polynesien. Die Perser entwickelten ungefähr 600 v. Chr. die Zuckerherstellung durch auskochen und auskristallisieren des Zuckerrohrsaftes.

Zwiebeln · Schalotten

Die Zwiebel wird seit über 5.000 Jahren kultiviert und als Heil-, Gemüse- und Gewürzpflanze verwendet. Die Römer brachten die „cepula" von den Ägyptern mit nach Europa und verbreiteten sie dort.

BIBLIOGRAPHIE

Batey, Colleen/Clarke, Helen/Page, R.I.: *Bildatlas der Weltkulturen. Die Wikinger*. Augsburg 1997.

Gaius Julius Caesar: *Der Gallische Krieg*. Hrsg. und übers. von Otto Schönberger. Düsseldorf 2004.

Gaius Plinius Secundus: *C. Plini Secundi Naturalis historiae libri XXXVII*. Hrsg. und übers. von Karl Mayhoff. 6 Bde. Stuttgart 1892–1909.

Grau, Jürke/Jung, Reinhard/Münker, Bertram: *Beeren, Wildgemüse, Heilkräuter*. Hrsg. von G. Steinbach. München 1983.

Magister Botanicus: *Magisches Kreutherkompendium*. Liederbach am Taunus 1995.

Maier, Friedrich: *Caesar, Bellum gallicum. Der Typus des Machtmenschen*. Bamberg 2000.

Polybius: *Geschichte*. Hrsg. von Walter Rüegg, übers. von Hans Drexler. 2 Bde. Zürich 1961.

Sambraus, Hans Hinrich: *Atlas der Nutztierrassen*. Stuttgart 1996.

Strabon: *Strabons Geographika*. Hrsg., komment. und übers. von Stefan Radt. 10 Bde. Göttingen 2003–2011.

Větvička, Václav/Krejčová, Zdeňka: *Pflanzen auf Wiesen und am Wasser*. Hanau 1981.

Walbank, Frank W.: *A Historical Commentary on Polybius*. Oxford 1999.

Walbank, Frank W.: *Polybius, Rome and the Hellenistic World. Essays and Reflections*. Cambridge 2002.

REZEPTVERZEICHNIS

(ALPHABETISCH)

Danksagung

Für die Bereitstellung von Kochrequisiten bedanken wir uns recht herzlich bei Eva Fleischer, Matthias Gramß und Lutz Milferstedt (www.hacheschmiede.de).

JUSTIN POLLARD
THE WORLD OF
VIKINGS
ROLLO DER BERSERKER
ZAUBERFEDER VERLAG
160 SEITEN, CA. 23 X 28 CM, HARDCOVER
ISBN 978-3-938922-91-0, 34,90 EURO
Zauberfeder
VERSANDKOSTENFREI BESTELLEN BEI
www.ZAUBERFEDER-SHOP.DE